厦门大学外文学院精品文库

语言：应用与认知

Applied and Cognitive Dimensions of Language

江桂英◎著

厦门大学出版社
XIAMEN UNIVERSITY PRESS | 国家一级出版社
全国百佳图书出版单位

图书在版编目(CIP)数据

语言:应用与认知/江桂英著.—厦门:厦门大学出版社,2020.11
ISBN 978-7-5615-7707-3

Ⅰ.①语… Ⅱ.①江… Ⅲ.①应用语言学—文集 ②认知语言学—文集
Ⅳ.①H08-53②H0-06

中国版本图书馆 CIP 数据核字(2020)第 012709 号

出 版 人 郑文礼
责任编辑 高奕欢
封面设计 李夏凌
技术编辑 许克华

出版发行 厦门大学出版社

社　　址 厦门市软件园二期望海路 39 号
邮政编码 361008
总　　机 0592-2181111　0592-2181406(传真)
营销中心 0592-2184458　0592-2181365
网　　址 http://www.xmupress.com
邮　　箱 xmup@xmupress.com
印　　刷 厦门集大印刷厂

开本 720 mm×1 000 mm　1/16
印张 10.5
插页 3
字数 226 千字
版次 2020 年 11 月第 1 版
印次 2020 年 11 月第 1 次印刷
定价 45.00 元

前　言

　　应学院繁荣哲社之约，笔者将近三十年来发表的研究论文整理成册，希望借此回望之际为读者呈现一条充满挑战和机遇的跨学科路径。将一路走来采摘到的果子集在一起，既希望能给自己留点念想，也祈望能给后来者一点启示。

　　记忆的长河始于 1989 年秋季进入硕士研究生学习期。想来"研究"一词也就是从那时才开始真正进入我的心理词库中的。回望整整三十载的来时路，用"布满荆棘丛林"来形容似乎并不为过，尽管其中也不乏豁然开朗的洞天之地。由于走的是跨学科的"野路子"，自然免不了闯入少有人问津的禁区，因此掉入泥淖也是免不了的事。所幸，不论走过荆棘丛林还是开阔地，总算都没有空手而归。

　　限于篇幅和主题，本书仅在前言部分将笔者一路走来所涉足过的各个领域的相关成果大体按照时序做一个总括性描述。如书名所示，关于应用语言学与认知语言学的研究才是本书的主体内容，且容正文部分细细道来。

　　1992—2000 年，主要从事大学英语教学实践与理论研究以及词典学研究，在各类刊物上发表与外语教育理论及双语词典相关的学术论文 6 篇，参编、参译各类教材、教辅及其他教科书 5 部。

　　2001—2005 年，在厦门大学经济学院攻读公共经济学在职博士期间，兼顾双语教育理论和实践研究。期间在核心刊物上发表公共经济学相关论文 4 篇，同时完成博士论文《乡村公共经济问题探索》的撰写工作。该论文幸获厦门市第二届（2007）社科丛书全额资助出版，并于 2009 年获得福建省社科优秀成果三等奖；同时分别于 2001、2003、2004 年在《厦门大学学报》（哲社版）教学研究论文专辑上发表大学英语及双语教学研究系列论文共 3 篇。

　　2005—2007 年，作为主要成员参加《麦克米伦高阶英汉双解词典》、《新牛津英汉双解大词典》和《牛津英汉双解学生词典》等大中型英汉双解词典的翻译工作；作为副主编主持和参加《大学基础英语教程》（全套共 3 册）和《英语综合进阶练习》（全套共 3 册）等教材的编写工作；期间开始关注语言经济学研究，凭着直觉和自觉在 2006 年申请并获教育部人文社科规划一般项目《语言经济学与中国英语教育》立项。

2006 年 8 月—2007 年 8 月，在美国加州大学伯克利分校语言学系访学，期间师从认知语言学三大鼻祖之一 George Lakoff，对语言与认知关系的研究产生了浓厚兴趣，并有意识地将其与语言经济学的研究相结合。基本的研究假设是我国英语教育高投入低产出的问题很可能是由于教师不了解学生的外语学习认知机制所致。此后的研究主要以此为起点，试图揭示外语教育与认知语言学之间的关系。

2007 年—2011 年，主要从事认知语言学和语言经济学研究，着力关注教研结合。从 2004 年 9 月开始担任外文学院外国语言学及应用语言学方向硕士生导师以来，为研究生开设"认知语言学文献选读"、"认知语义学"（现为"语义学通论"）和"二语习得"等硕士课程。2011 年以来，在各类核心学术刊物上共发表（含合作）与认知语言学相关的论文 10 余篇；同时兼顾语言经济学的研究和词典编纂工作，发表语言经济学相关论文 4 篇，主持语言经济学相关课题 2 项（部级，其中一项为子课题），出版专著《中国英语教育：语言经济学的视角》；2012 年 2 月，出版《英汉·汉英经济学词汇手册》。2013 年 9 月开始招收认知语言学与应用语言学方向的博士生，为其开设"认知语言学专著选读"及"应用认知语言学研究"课程。同年入选"福建省高等学校新世纪优秀人才支持计划"。

2011 年至今，主要从事认知语言学与外语教育的理论和实践研究，在相关领域发表学术论文 10 余篇，对原型范畴理论的缺陷及其在词典编纂中的实际应用、概念隐喻的心理现实性、手势隐喻和手语隐喻方面的探索性研究成果均得以在国内外较有影响的核心学术期刊上发表。

2015 年，获批主持国家社科基金一般项目《非言语情绪交互与外语课堂教学有效性研究》，主要研究外语课堂教学环境下师生非言语情绪表征的识别与调控、管理与外语课堂教学有效性的相关研究，合作发表相关论文近 10 篇，均为 SSCI 或 CSSCI 期刊论文（本研究的相关成果将另行收集出版）。

同一时期先后兼任外语教学部副主任（2008 年 6 月—2013 年 2 月）和主任（2013 年 2 月至今），全面负责外语教学部教学科研师资队伍建设及社会服务工作，主抓本科生大学英语和研究生公共英语"2+2"课程模式的改革，对相关的实践进行梳理并撰写了 3 篇教学论文，主持两项省级教学改革项目，主持建设校级以上在线开放课程 4 门，其中"大学英语写作基础"获得 2018 年国家精品在线开放课程立项。

路径曲曲折折，但在笔者看来，弯路≠冤枉路，因为一路上的风景很美，也很耐人寻味。总体而言，这是一个语言工作者从求知（what）到实践（how）再到探索（why）的过程。曾自嘲这辈子只做了三件事，那就是：教本科生学英语，教研究生如何学好或教好英语，和博士生一起探讨为什么要如此这般或那般地教／学英语。如此走马观花，粗浅疏漏在所难免。但只要您看完本书后能有些许共鸣，或者碰巧透过本书打开的一道门缝管窥到一条通往广阔学术天地的路子，笔者就算不枉此行了。

目　　录

上编　应用语言学

下编　认知语言学

上编

应用语言学

　　从最初踏入语言学研究的大门至今，笔者涉猎的应用语言学研究领域主要包括词典学、语言经济学与外语教学研究。本编收录了这三个专题的主要作品。其中关于词典学的研究涵盖学习词典宏观、中观、微观三个层面的话题；语言经济学专题从公共经济学的视角看语言教育，尤其是外语在经济生活中与人们收入的相关性以及对于整个社会经济可能产生的影响。大学英语教学专题是笔者作为一线大学英语教师及教学管理人员对于不同时期大学英语走势及课程设置方面的一些思考，破与立兼而有之，总的理念是大学英语教学应当以目标驱动为导向，从而获得最佳教学效果。

第一部分
词典学研究

　　关于词典学的系列研究成果主要脱胎于笔者的硕士毕业论文《语境在学习词典中的作用研究》。话题涉及学习词典的宏、中、微观三个层面，以语境为主轴，共同指向一个目标：从微观层面探讨了例证与文化语境等在学习词典中的作用，即如何让词典变得更加有血有肉，在尽量真实的语境中获取更完整的词语意义；从中观层面考察了《朗文英语联想活用词典》如何将词汇放回语境中（recontextualization），揭示该词典在词典内部结构与内容的处理上如何增加更多词语的语境、语用及语义关系信息及其用意；从宏观层面探讨了认知语言学相关理论尤其是框架语义理论为词典的未来取向所带来的启示。

英语学习词典中例证的语言问题 *

　　《简明牛津英语词典》（1911）的编者福勒（Fowler）兄弟在第一版前言中提到例证的极端重要的作用。他们说，该词典的突出特征体现在用法上，"词典虽小，却有大量例证。当一个词有不同意义且这些意义之间的区别很细微时，或当一个定义不明确、不够令人信服时，例证就对定义起着必要的补充作用"。福勒兄弟简洁透彻地肯定了例证在单语词典（甚至是为母语读者编的词典）中的重要性，并指出其中两种主要作用：阐明意义和区分相关意义。

　　在关于为非本族人所编英语词典中例证的语言问题的所有讨论中，福勒兄弟开创了有益的起点。他们的话语强烈表明了本族语读者和非本族语读者的学习困难（以及为两种读者编的词典）的区别只是一个程度问题，而不是类别问题。本族语学

---

* 本文是"The Language of Examples in English Learner's Dictionaries"（作者：A. P. Cowie）的译文，有删节。

生将来也可能会逐渐使用为非本族人编的英语词典。当然，两种困难之间存在的真正区别也不可忽视。通常，外国的英语学习者比本族语读者需要更多的描述性信息（读音、句法、搭配、文体等）。一般说来，英语作为外语的学习词典也总比本族语词典有更详细的信息——直接通过词典正文而不只是在词典扉页部分做一个总的介绍，在正文中是通过例证而不是或不仅是通过缩略词或代号。

对非本族语学习词典编纂的研究始于 20 世纪 30 年代初期。例句和例词的作用一开始就得到充分认识。在为非本族人编纂英语学习词典这一领域中，《牛津高级英语学习词典》（以下简称《牛津》）前三版的主编霍恩比（Hornby）大概是最有影响的人物。他肯定了例证的解释作用，并特别意识到通过使用大量例证来处理语法词（如介词、连词）和"重负荷词"（如 hand、foot、put、set）的必要性。同时，由于他还意识到许多读者都希望有"英语写作指南"，就在词条中设置符号模式来表示动词句型，大多还随后附上"表现句型用法的例句和例词"。

在 20 世纪 70 年代，随着第二代为非本族人编纂的英语学习词典的出现（20 世纪 80 年代出现了第三代），例证比以前更显出其重要性。这毫无疑问是 70 年代末以读者为中心的词典研究方法发展的结果。在非英语母语的国家中，几位大学教师研究读者使用符号模式的情况后指出："即使英语学得很好的人也常常不能掌握目前为非本族人编的英语学习词典中固定使用的语法代号和缩略语。"对于这样的批评，很明显的一个反映是以例证的形式最直接而又便于理解地表达语言信息。值得注意的是，在这些研究出现之前，《钱伯斯普通学习词典》早就通过例句来表现动词句法结构，而不像《朗文当代英语词典》（以下简称《朗文》）第一版和《牛津》（一直到 1974 年的前三版）那样惯于使用代码系统。当然，后两本词典中也有不少例句补充说明这些代码和缩略语。《朗文》第二版（1987）显然有意识地使用了更多、更自然的例证，例证使用的词汇也不再过分严格地控制了。

这就把我们引向当前讨论的另一个热门话题：例证的语言以及选取和组织这些例证的方法。德莱斯戴尔 1987 年写的一篇文章特别有帮助，因为它清楚地说明了例证的一些主要作用：（a）补充定义中的信息，（b）置词目于上下文中，（c）辨别一个词的不同意义，（d）阐明语法结构，（e）表明其他典型搭配，（f）说明语域及文体。

这是一种很有价值的分类，但它还隐含着另一种概括性更强的分类，即按接收（或"译码"）作用和生成（或"编码"）作用所做的划分。详细说明这点很有帮助。比如，例证用于辨析词义，显然这是它的接收作用，而用于阐明句型则是其生成作用。厘清译码及编码的不同功能，便可做如下分类：

A. 与译码相关的功能：（1）帮助读者明确单个意义，（2）帮助读者区分相关意义。

B. 与编码相关的功能：（1）帮助读者为一个已知词或意义选择正确的语法形式，

（2）帮助读者造出可接受的搭配形式，（3）帮助读者按照本族语文体标准进行写作。

在逐条阐述以上各点之前，有必要先弄清楚两个要点。第一个要点是词典中例证显然要完成好几种功能，而为了节约篇幅，一个例证应同时起到多方面的作用。完整例句的优势在于可以阐明语法结构并为明确意义和文体提供足够的上下文。无论编者选择例句还是例词，都得考虑"一例多用"这一因素。

第二个要点是关于自造例所具有的各种作用的价值。从文章中引用的例证是不具有这些价值的。这并不是一个新问题。1965 年《牛津高级英语学习词典》第二版刚面世不久，霍恩比就写了一篇关于这一问题的文章。文中他坚定地支持使用自造例。正如他指出的，自造例的长处在于可以包含句法和词汇方面的详细信息以阐明词目的意义及用法。可以说，编者能灵活自造例证以利读者。

《柯林斯英语合作词典》（以下简称《柯林斯》）的出版又使这一问题引起人们的注意。该词典中的多数例证是从一个大型计算机储存的文献资料库中选取的。其主编在导言中这样谈及可靠性的问题："我们希望这些例证（即从实际篇章中选取的例证）能起到与自造例大不相同的作用……它们证明释义并阐明用法。它们还为今日英语的讲和写提供可靠指南。相反地，自造例其实是释义的一部分。它们的存在没有自主的根据或理由，而是为了修饰释义，在多数情况下是为使释义明确。它们没给英语写作提供可靠指南，如果用于指导作文会将人引入歧路。它们不说'这就是这个词的用法'而只说'这可以帮助你理解其意义'……用法只能记录而不能自造。"

如果有充分根据，这些言论显然是对以前及现在为非本族人编纂英语词典的做法提出了巨大的挑战。但实际上它们片面地曲解了学习词典中"自造"语言和"记录"语言的不同作用。我们先考虑这段话中关于自造例局限性的阐述。实际上，自造例诚然并不仅仅起"修饰"和"明确"词典释义的作用。当然，例句是为这些目的而造的，但编者总是设法把例句造得能满足读者生成句子的需要。而这种例句正因其"没有出处"以及从教学目的出发而使用了特殊的表达法和排印方法，往往达到了预期的目的。这点将在后面进一步阐述。尽管使用有出处的例句有许多好处，但它们是否也有自造例的多种生成作用，这尚有待证明。

关于有出处的资料，有一点很有必要在此作进一步讨论，因为它与词典编纂的理论和实践都有很大关系。即我们似应考虑一本中型单语词典中例句的平均长度（就跨语法单位而言）的问题。有时词典编纂者不只用一个句子或短语来描述一个词的意义。但为了节约篇幅，大多数例证都是独立自足的句子和短语。这里的关键词是"自足"。自然出现的句子通常需要更大范围的上下文才能全面表达其意义，而词典例句一般无需在例句以外再求详尽的解释。

使用来自自然篇章的例句的问题，可以通过《牛津现代英语成语词典》编纂过程中收集的一些语段体现出来。下列几个句子都包含成语 "condemn oneself out of one's own mouth"（诅咒自己）：

There is no fine writing, there is only the barest minimum of description: chief actors are allowed to condemn themselves out of their own mouths and this they unfailingly and most rivetingly do.

没有细致的描述，只有赤裸裸的叙说：主角们自我咒骂，而且他们总是干得很认真，也很成功。

Kempowski combines the gift of near-total recall with a chilling knack of letting his characters condemn themselves out of their own mouths.

肯波斯基把几乎可以完全回忆起过去的这一天赋和让他的主角不受干预这一令人寒心的技巧结合起来了。

They speak for themselves, and Mr. Rafael avoids commenting on them: He knows very well that they will damn themselves out of their own mouths.

他们在为自己说话，拉菲尔先生也不作评论：他很清楚他们会自我诅咒的。

可以看出这些句子中只有第三句中的意义和成语意义相近。第一句为表示成语中"不受干扰"这一意义，用了"允许"一词，而开头的句子则和成语毫无关系——"细致的描写"和让主角"咒骂自己"并非不可相容；第二例中，作者"不干预"的意思通过"让"（letting）表现出来，但前一部分的细节描写并未使成语意义更明确；最后一例的开头部分则是对该成语的部分释义。但即使在第三句中，"他们"（they、them）究竟指谁／什么，也只能通过该句的上下文才能明白。当然，这些例子是在阅读时收集的。大规模的电脑搜索可能会得到更满意的材料。然而，问题是使用有出处的语料（尽管范围很广）并不能保证例证都能满足词典的需要。相反地，使用来自自然篇章的资料更增加了编者在选取意义、句型及文体都能得到较好描述的例证时的负担。

当然，自造例的编者可能会陷入相反的困境，即为得到解释的充分性而失去语言的自然性。下面的例子表明《朗文》第一版在这两方面都做得不够完满：句子所描述的事件是编造的，一般只指代上文中已知的（或"所给的"）人或事的定冠词，在这儿却指代第一次出现的人物：

forestall

The thieves arranged to steal the woman's jewels, but the servant girl forestalled them by running away with the jewels herself.

　　那些贼打算偷那女人的珠宝，但她的女仆抢在他们之前行动，偷了珠宝自己跑了。(《朗文》第一版）

　　当编者造出一定语境使词目的意思明了而有理据时，就能取得平衡，而达到这种要求并不容易。比如《柯林斯》中的一个例子就处理得很好：

giddy
She was exhausted after her giddy round of parties and dances.
在那些令人晕眩的晚会和舞会之后，她精疲力竭了。(《柯林斯》）

　　该例具备了所需的几方面信息："精疲力竭"表达了"令人晕眩的"行为可能产生的效果，而"晚会"及"舞会"则表达了行为中"令人晕眩"的成分。所有这些都在一个句子中得到自然体现。然而，一个句子如果包含太多信息就无法令人信服：

operational
When will the newly-designed airliner be operational?
新设计的客机什么时候使用？(《牛津》第二版）

　　句中，作为句尾关键词的"operational"会被理解为"新信息"，而"新设计的飞机"则放在已知信息的位置上（假设读者已经掌握的信息）。但是，开头的名词短语中修饰语更加突出的特点在于其"新"而不是"已知"。为什么要修饰它呢？在平常的话语中，"飞机是新设计的"这一事实大多是出现在前一句中，即：

"It's a newly-designed aircraft." "When will it become operational?"
"这是新设计的飞机。""准备什么时候使用？"

　　但这会使例句长得不可接受。为节约篇幅，《牛津》第二版把所有信息都堆在一个句子里，以此达到经济的目的而宁可不自然。

　　正如福勒兄弟所说明的，例证不但能给一个单独意义作必要的进一步的补充，而且还能为两个或两个以上相关意义提供辨析。要使词义辨析更清楚，编者应当对能突出表明语义差别的语法和词汇的差别予以说明。下例是《朗文》第一版使用的意义划分法：

fall

1) He suffered a fall from his horse. 他从马上摔下来。

2) A fall of rocks/snow blocked the road. 掉下的岩石／一场雪挡住了去路。

3) We have not sold our goods because of the fall in demand/there was a sudden fall in temperature. 由于需求量下降／气温突然下降我们没有卖出商品。

上例中，编者为每个定义提供了与其意义相关的介词。因此，当 "fall" 表示 "某物或数量下跌" 时与介词 "of" 搭配（如 2），而当 "fall" 表示 "数量、价格、需求、程度等的下降" 时，则与 "in" 搭配（如 3）。应当指出，在一定程度上进行词汇对比不但能帮助学生认清并记住意义的不同，而且对每个想用外语写作或翻译的人来说也是很重要的。

在一个固定的语法句型中使用相应介词，体现出例证在为非本族人编纂的英语学习词典中的第三个普遍作用：用含有词目的句子描述各种句法结构。这里又需要一定程度的发明和摹拟，问题是如何模仿自然语言造例。理想地说，一个动词的所有句型都应当由单独的句子来说明，但由于篇幅所限，这一目标不可能在每个词条里都得到实现；这时便采用各种方法使一个例句同时表现出两种或更多的句型。这些方法中最常见的是使用斜杠和圆括号。下面的例句中用斜杠表明介词的替换及主句中主、被动语态的替换：

argue

He argues for/against the proposed tax cuts.

他同意／反对关于减税的建议……

I would argue that/It could be argued that sending men to the moon is a waste of money.

我认为／可以说把人类送到月球上是浪费钱财。（《牛津》第二版）

下例除了用斜杠表明词汇和句法的替换外，还用圆括号标明直接宾语的选择：

play

He plays (football) for Stoke/England. 他为斯托克队／英国队踢足球。

On Saturday France plays (Rugby) against Wales/plays Wales at Rugby.

星期六法国和威尔士举行橄榄球比赛。（《牛津》第二版）

《牛津》第三版中名词和形容词也有一定范围的句型需作简要说明。下例是集体名词单数形式接表示单数或复数的动词。这里斜杠也可标明替换：

> bodyguard
> The president's bodyguard is/are armed.
> 总统的保镖们都是全副武装的。(《牛津》第四版)

例证的一个重要作用是阐明语法结构，另一个同样重要的作用是展示搭配词（即在具体语法结构中无法用一般语义构成规则来解释的共现词，应单独列出）。

动词"sit"和名词"exam"的搭配就是一例［比如，不用"suffer"（遭受）或"undergo"（经历）代替"sit"］；置于名词"sum"和"amount"之前的形容词"tidy"是另一种搭配形式（除了受规则支配的 big, large 和 huge 以外的搭配法）。这种特殊搭配应当作为固定的惯用语形式包含在学习词典中。

词典对搭配的处理引起很多复杂问题。上述的两个搭配是各由一个比喻词和一个本义词构成的。第一条中"sit"是比喻词，第二条中的比喻词是"tidy"。"exam"和"sum"如果不和这两个词搭配则可以自由运用：我们可以说"He failed his exam."（他考试不及格）或"That's a colossal sum."（那是一个大数目）。相比之下，"sit"和"tidy"（就已知意义而言）若没有参看那些几乎肯定要和它共现的名词（"exam"和"sum"也可以是"test"和"amount"）就没法理解或解释。为了帮助解决这些问题，为非本族人编写的英语学习词典应把"sit an exam"放在"sit"词条中，"a tidy sum"放在"tidy"词条中。

不过，这种安排在多大程度上能满足写作者的需要呢？我们可以辩解说，用英语写作或翻译时，自然出发点是名词，而上述情况的问题在于读者并不能按照对动词或形容词意义的了解而自动选择该动词或形容词。知道"~ an exam"中省略的动词是"经历"的意思并不意味着就能选对 sit。一个比较明了的解决办法是把这种搭配做两次记录，即同时放在词目为比喻成分的词条中和词目为本义成分的词条中。

但是一部为非本族人编写的普通型英语词典是不可能用那么大的篇幅做这种记录的。新版本在这点上无疑做得比旧版本理想得多。比如，《牛津》第四版在体现词义选用的限制方面就比先前的版本更进一步，那就是搭配语中的比喻成分和本义成分只要恰当都可作为词目。通常的办法是用斜杠标明（尤其是在自造例中）。下例中斜杠标明用作比喻成分的动词的替换：

> book
> keep/make/open a book of stamps/tickets/matches

而在同一词条的另一意义中，斜杠标明用作本义成分的名词的替换：

book
　a book of stamps/tickets/matches

另一种可行的办法是用类似"一般只用在下列表达法中"的补充注释表明该词目只出现在有一定限制的语境中。这就能使这种搭配在独立的句子或短语中出现。下列词条中，动词"bear"是比喻成分，名词（"grudge 妒忌"，"resentment 愤怒"等）表明有限的宾语选择范围：

bear/keep (feelings, etc.) in the mind (used esp. in the expressions shown):
bear a grudge against sb/bear sb a grudge. He bears no resentment towards them. She bore him no ill will.（《牛津》第四版）

Cowie 在这篇文章中强调了词典编纂者在控制和使用例证材料时所起的作用。单卷本词典的编纂者总能意识到节约篇幅的必要性。而在大多数情况下，这使得他们只能自造句子作例证单位。这样，意义和句型都必须建立在有限的范围内。此外还存在这种情况，即编者不能仅仅模仿已经观察到的用法。其中一种是用引人注目的排版方式突出各种句型，另一种是列出所有可以搭配的动词或名词。但不论是自造、修改还是精选，为非本族人编纂英语词典的人，远不止起着观察者或记录者的作用。不断满足读者的需要将永远是他工作中的指导原则。

参考文献：

［1］Cowie, A. P., 1989. The language of examples in English learner's dictionaries[A]. In J. Gregory (ed.), Lexicographers and Their Works (Exeter Linguistic Studies)[C]. Exeter: University of Exeter Press.
［2］Fowler, H. W. & F. G. Fowler, 1911. The Concise Oxford Dictionary of Current English [Z]. Oxford: Clarendon Press.

双语学习词典中的文化语境

一、引言

"语境"这一概念长期以来在现代语言学,特别是语用学中是一个热门话题。语境在词典中是通过各种各样的方式反映出来的,大体可分为文化语境和语言情境两大类。前者体现了语言与文化的相互关系。近年来,对这种关系的研究不再仅仅局限于语言学家和人类学家,词典学家对此也日益重视。本文试对文化语境在双语学习词典中的反映这个问题作些探讨。

关心语言、文化和世界观之间关系的语言学家和人类学家大都知道萨丕尔 - 伍尔夫假说。该假说认为,语言的结构决定了持该语言者看待世界的方式,即语言决定论。与之相对立的观点认为,一个民族的文化反映在他们所持的语言中,由于他们以特定的方式认识、评价以及从事某事,他们逐渐地就用语言来反映其评价和从事某事的方式。当代语言学家则一般倾向于持中间立场,认为语言和文化有密切的联系,两者互相影响,而不是一方决定另一方。

伍尔夫在关于语言与文化相互关系的论著中曾引述过许多生动形象的例子。比如,英语用许多词表示各种各样的"汽车",正如爱斯基摩人用许多词表示不同的"雪"以及阿拉伯语中有许多不同的"骆驼"。英语中有一个总括各种各样动物的词"animal",但没有一个可以包括"水果"和"坚果"的词,汉语则有"果"字。英语用完全不同的词表示"昆虫"(insect)、"飞机"(aeroplane)和"飞行员"(pilot),而霍皮语则只用一个词来表达这三个不同的概念。这些例子表明,语言之间的差异或多或少是由文化差异引起的。"飞机"和"飞行员"在英语中用不同的词来表示,这是因为它们在主要英语国家的生活中有着极其重要的意义,而霍皮语中不存在这些词(或只以"相似"的"昆虫"代之),则是因为这些词所表示的事物在其生活中不存在。

文化特征不仅在同一时期的不同语言社区各不相同,在同一语言社区的不同时期也会发生变化。一种文化产生新的需要,语言也会产生相应的新词或赋予原有词以新的意义,或从别的语言里借用词。例如,"chairperson"(主持人)和"spokeswoman"(女发言人)就是为反映英语国家妇女解放运动而产生的词。一本好的双语词典在选收词目时无疑应把这些文化词作为重要的考虑对象,收录数目的多少取决于该词典的编写目的和篇幅。

由于语言是文化和人类社会最基本的制度之一，语言及其意义就是文化的一种作用方式。难怪人类学家认为，从一种语言过渡到另一种语言其实包含了从一种文化过渡到另一种文化的过程。从这里可以看出文化语境对于外语学习的重要性。要真正掌握一门外语，就应当学习相应的文化背景，了解该文化背景下人们的整个生活经历，这样才能为所学的词汇和话语提供充分的上下文，使其不致成为死记硬背的知识。

二、词典提供文化信息的必要性

词典的任务不仅需要反映语言本身的结构，也应反映语言中的文化信息。这在双语词典中显得尤其重要。任一语言中的大部分词都是"文化粘着词"（culture-bound word）。语言首先是通过词汇来反映持该语言者特定的或独一无二的生活方式。虽然文化粘着的程度不同，不同语言的词汇中却几乎找不到具有完全相同意义的对应词。只要谈到关于两种语言的词义这一问题，就一定会触及文化差别。邓炎昌在《语言与文化》一书中曾列出以下几种情况：

（1）一种语言里有些词在另一种语言里没有对应词。著名词典学家 Zgusta 把这种现象称为"词汇空缺"（onomasiological gap）。

（2）在两种语言里，某些词语表面上似乎指同一事物或概念，其实指的是两回事。英语中的"high school"并不是"高等学校"，而是"中学"，"busy boy"也不是"大忙人"，而是"爱管闲事的人"。

（3）某些事物或概念在一种语言里只有一两种表达方式，而在另一种语言里则有多种表达方式，如在汉语中各有不同名称的玫瑰、月季和蔷薇，在英语中都称作"rose"。

（4）某些词的基本意义大致相同，但派生意义的差别可能很大。"鸡"对于我们来说就是一种家禽，而英语的"chicken"则含有"胆小、怯懦"的意思。

文化差别决定了双语词典在选词方面应考虑的重要因素之一就是如何在收录的词目中反映出两种语言的文化信息。英汉词典选择英语词条时应考虑汉语使用环境的特点，如在英语环境中可能是不重要或不存在的事物、概念等，在汉语环境中却可能是非常重要或常见的，所以词典应当列出有关的词汇单位。例如，"kowtow"（叩头）和"wok"（中国式锅，粤语）这两个词都是英语从汉语中借入的词，在英语环境中使用不多，但为使读者能借助英汉词典用英语描述中国文化，就有必要收入这一类词。同时，英汉词典还应考虑如何把英语的文化信息表现出来。比如，可以先详细列出与文化有关的各个领域，包括日常生活、礼节、婚丧、宗教、节假日、动植物、神话故事、数字、颜色等，再把这些领域中的文化粘着词一一收录入典。

三、词典如何处理文化粘着词

文化粘着词给双语词典编纂者带来很大困难，尤其是在寻求对应词方面。这是因为语言和文化关系密切，而词是反映不断变化的文化特征的符号，要在两种不同语言的相关词之间建立完全对应的关系自然不容易。目前，双语词典编纂者解决"词汇空缺"问题的方法通常是：

（1）释义。如《现代汉英词典》把"风水"解释为"the location of a house or a tomb, supposed to have an influence on the fortune of a family"（房屋或坟墓的方位，据说对一个家族的运气有影响）。

（2）音译。如"logic—逻辑""coca cola—可口可乐""typhoon—台风"等。

（3）造词。如汉语的"武术"在英语中叫作"martial arts"，英语中的"software"和"hardware"分别为汉语中的"软件"和"硬件"。

但是，这几种方法对于外语学习者而言很难说是尽善尽美的。释义法只揭示了词的含义，却未提供准确的、可以直接用于译文的对应词。音译而来的词虽可以直接用于上下文，但初接触该词者会对其感到极大的茫然。造词方法似乎解决了对应问题，而实际上因文化背景不同，词典使用者对该词的含义只能达到一知半解的程度。为了弥补这些不足，有时词典编纂者就综合使用上述各法。如《新英汉词典》处理"Apollo"词条时就兼用了音译法和释义法："阿波罗（主管光明、青春、音乐、诗歌、畜牧等的神，一说即太阳神）。"

然而，更应该引起双语词典编纂者注意的是那些"内涵意义"不同的词。广义地说，"内涵意义"是指在词的基本指称功能上附加的各种对比含义。Zgusta阐述这一问题时用的例子是"He died"（他死了）和"he pegged out"（他咽气了）。两者的基本意义完全相同，因为"he died"和"he pegged out"的所指意义一样；但两者又有区别："he died"是不带感情色彩的中性动词，而"he pegged out"带有粗俗的味道。

我们常常可以听到类似"这词不能只用词典意义来解释，它还有隐含的意义"的说法，其中"隐含的意义"就是这里所谈的"内涵"。这一说法一方面表明了人们对词典的成见，另一方面也确实揭示出当代许多词典在处理词的内涵意义方面存在不足。

词的不同内涵常给跨文化交际带来很大困难。对于外语学习者来说，重要的是不仅要知道词的所指意义，还应知道其内涵意义。忽视了这一问题，在交际中就会引起不解甚至误解。一位加拿大籍专家曾谈到过他学汉语时的一次经历。他在读李白《静夜思》的前两句时，能深深感受到其中的美妙境界。而读完后两句时却糊涂了：你仰头赏月，这就罢了，可你这时候低头思什么乡呀？后来，当他知道原来汉语中"月亮"含有"团圆"的意义时，他才对这首诗的意境有了更深刻的感受。

中国人大都知道"喜鹊报喜，乌鸦叫丧"这一说法。而在说英语的人士看来，"magpie"（喜鹊）是一只"聒噪的黑白色长尾短翅鸟"，隐含"饶舌者"的意思，而"乌鸦"是一只"大而狡猾的黑鸟"，两者都和喜丧不沾边。汉语中，"农民"是指长期参加农业生产的劳动者。我国农民的政治地位很高，仅次于作为领导阶级的工人，工人与农民的联盟是我国政权的基础。而在英语中，"peasant"则含有"未受教育的、粗野的乡巴佬"的贬义色彩。而在 20 世纪 90 年代的中国大学校园里，农民又被赋予一种新的含义，"某人真农民"是表示"某人不开窍、保守或衣着不得体"等意义。

颜色在各种文化中的不同内涵也生动地展现了一幅文化差异的画面。汉语中，"红"具有"顺利、成功、受宠"的意思，还象征革命和社会主义。英语中有"be raised to the purple"（被立为帝王），但"purple"在这儿是指皇帝或大主教穿的紫色长袍。一提到蓝色，我们就会联想到蔚蓝的天空和海洋，而英语中的"blue"则含有"沮丧、忧郁"等意义。多数西方人理解不了汉语中的"红白喜事"，因为在西方，"白"是婚礼上新娘的传统穿戴，在葬礼上穿白是冒犯行为。商业英语中，"in the black"是指企业或公司有盈利，是"in the red"的反义词，但汉语里有"赤字"，却没有"黑字"。

可见，了解词的隐含意义对于跨文化交际有多么重要！因此，双语词典，特别是双语学习词典应该尽量注明词目相应的隐含意义。比如，"home"（家）和"house"（房子）就具有不同含义（前者含温暖、爱、舒适等意义而后者则不带感情色彩），词典便应当说明"home"所具有的内涵。《美国传统英语词典》（The American Heritage Dictionary of the English Language）把"man"解释为"具有勇气、力量、刚毅等品质的男性，被视作人类特有的品格"，这便是指出了该词的隐含意义。《朗文当代英语词典》（Longman Dictionary of Contemporary English）把"dog"定义为"一种普通的四足动物……"，还附加说明："它常被视为人类最好的朋友。"显然，"人类最好的朋友"并不是"狗"的定义所必需的，然而对于外语学习者而言，知道"dog"对于本族语者所带有的含义当然是很有帮助的。

当然，对于双语词典编纂者来说，要揭示词的内涵也不是一件容易的事。这不仅是因为内涵意义尚没有很明显的分类标准，还因为词本身的变化速度很快。昨天被称作"标新立异"的词今天就成为规范表达法，而到明天则可能成为废弃不用的词。所以，单是辨别词的内涵意义就是一件冗繁的工作。虽然如此，现有的一些学习词典对词的隐含意义多少都提供了一些信息。许多词典把词的内在含义列为多义词义项之一，并适当加注，如"derog（贬），fig（喻）"及汉语词典中的"引申"等。词的内涵在词典例证中也得到了体现。

丰富多彩的文化粘着词义既给双语词典编纂者的工作增添了乐趣，也增添了负担。然而，正如 Zgusta（1971）所言，如果一部双语词典是要帮助人们用外语表达，词典编纂者就不能让词典使用者不知不觉地使用粗俗的、绝对的或其他类似的已经废弃不用的词，以免说话者陷入滑稽可笑、被人误解，甚至引起冲突的境地。

四、双语词典如何处理其他文化内涵词

典故是使语言丰富多彩的一个要素，也是使跨文化交际更加困难的又一个原因。英汉语言都因其历史源远流长而从各自的文学、宗教、神话及传说中吸收了大量典故。典故是词典编纂者要解决的又一大难题。《汉英词典》处理"阿斗"一词的方法可作借鉴：

阿斗 （1）the infant name of Liu Shan（刘禅，207—271），last emperor of Shu Han（蜀汉，221—263），known for his want of ability and weakness of his character；（2）a weak-minded person; fool

《世界图书词典》对"Catch-22"的处理方法也大致相同，即先给出词源，解释其本义，再进一步解释其引申含义。

再看《现代汉英词典》处理"阿斗"一词的方法：

阿斗——a weak-minded person; fool

跟《汉英词典》相比，《现代汉英词典》虽然大大节省了篇幅，但未能让读者了解该词的来历。

此外，禁忌和委婉语也是反映文化信息的一种因素。禁忌的范围很广，涉及死亡、性、排泄物、生理功能、年龄、外貌、宗教及种族等问题。当人们不得不涉及禁忌时就以拐弯抹角的形式来表达相应的事物或概念。西方的老人忌讳被人称"老"，于是就应运而生了"the senior citizen"（高级公民）以称呼老人。西方人出于对魔鬼的恐惧，谈到它时总小心翼翼地称之为"god of this world, His Sable Majesty, old gentleman in black"等。

双语学习词典同样应考虑语言中的这一部分词汇。现有的有关词典多少都收录了这部分词。不过对这些词不能不加注释、不加选择地随意收录。

参考文献:

［1］Barnhart, C. L. & R. K. Barnhart, 1987. The World Book Dictionary[Z]. Chicago: World Book, Inc.

［2］Morris, W., 1992. The American Heritage Dictionary of the English Language[Z]. Boston: Houghton Mifflin.

［3］Procter, P., 1987. Longman Dictionary of Contemporary English[Z]. Essex: Longman.

［4］Zgusta, L., 1971. Manual of Lexicography[M]. Zech: Academia.

［5］邓炎昌, 1989. 语言与文化: 英汉语言文化对比 [M]. 北京: 外语教学与研究出版社.

［6］北京外国语学院英语系《汉英词典》编写组编, 1980. 汉英词典 [Z]. 北京: 商务印书馆.

［7］外语教学与研究出版社词典编辑室, 1988. 现代汉英词典 [Z]. 北京: 外语教学与研究出版社.

［8］《新英汉词典》编写组, 1985. 新英汉词典 [Z]. 上海: 上海译文出版社.

例证作为词汇语境在学习词典中的作用

语境在英语教学中有着极其重要的意义。词汇语境作为语境的一种，不但在词汇学习及阅读理解等方面起着重要作用，而且在学习词典中同样是不可或缺的重要部分。

词汇语境是使词汇意义通过上下文的相互作用来体现的一种条件。词汇语境在这方面的功能可以归结如下：

首先，对于"自义词"（autosemantic）而言，语境起着较小的辨析作用。自义词主要是指科技词汇。TB 出现在任何上下文都是指"肺结核"这种病症。但即使是术语，其意义也常常需要加以明确。比如病人的"反应"与公众舆论的"反应"显然不同。况且单单解释病人的"反应"在很大程度上也取决于检查病人的是精神科医生、外科医生还是行为主义心理学家。

其次，词汇语境可以确定词在特定上下文中的确切含义，并排除该词的其他意义。词汇意义在很多情况下都是不确定——属于这些情况的词主要是多义词及同形异义词。这是语境在语言学习中起的典型辨析作用。

再次，词汇语境可以确定词的意义并使词义具体化。共义词和语义虚化了的词就有这种情况。所谓"虚化了的词"是指该词的意义几乎完全取决于上下文。英语中的 make、do、take、set 等和汉语中的"打""搞"等就属于这一类词。

Zgusta 提出过"上下文引起的细微差别"（contextual nuances）。但这一概念还无法确定，且与前文所述有交叉的地方。笔者认为，这种"差别"与词的比喻义或引申义相仿，只是尚未形成固定用法而已。比如，汉语中"倾斜"的本义是"歪斜"，但我们可以见到这样的句子："这家杂志改进的宗旨是向实用倾斜。"这里"倾斜"的意义是"偏向于某一方面"。1978 年版《现代汉语词典》中尚找不到这一义项，因此我们可以把它看作 Zgusta 所提概念的例解。而后来这一意义发展为常用意义，1996年版《现代汉语词典》就将其作为义项之一收录了。

词汇语境可以是整篇文章或一个段落，也可以是单独的一个句子。限于篇幅，词典，特别是学习词典，一般采用单句作为词汇语境，称作例句。学习词典要想清楚地表明词目的意义，单靠定义是不够的，例证作为词汇语境的一种重要形式，恰好填补了这一不足，即为词目提供有助于理解的上下文。下面拟就例证在学习词典中的作用作一粗浅分析。

词典中使用例证可以证明词或词义的存在，也可以在某种程度上起定义的作用，还可以表明词或词义的出处及产生的年代。例证更多的作用则在于进一步阐述词目的意义及语法、用法特点。当代词典学家大都把这作为例证的主要功能。Archibald A. Hill 就用例证的上下文来阐明词的语法特点（包括语音、词法和句法）（参见 Kasimi, 1990）。Landau 把例证看作词典释文中很关键的部分，认为不能仅把它看作附属物。它可以表明词的搭配、用法种类、内涵意义、语法情境及所指意义（1984：166）。Zgusta 对于例证的评价更高，他认为几乎所有语言问题都可以用例证来阐明。比如，不同的上下文引起的细微差别，该词目的出处，典型的动词宾语、状语搭配，同义词及近义词的用法区别，等等（1980：263-264）。A. P. Cowie 则认为，例证可以有血有肉地表现一系列句型或体现出不同的文体色彩。读者遇见某多义词的一个未知意义时，可以把这个带有上下文的词与词典中恰当的上下文进行比较，比如把 "gain confidence"（获得信心），"gain strength"（获得力量）或 "gain weight"（增加体重）作比较。这样，就可以找到 gain 在该上下文中的正确含义（1983：140）。

Kasimi 也较全面地论述了这一问题："例证在一般词典，特别是在双语学习词典中的基本功能是为读者着想，把词放入生动的情境中，并通过阐明上下文中的词来提高读者理解、掌握词的用法、语法及语义规则的能力。"（1990：91）

在《牛津现代高级英语学习词典》（*Oxford Advanced Learner's Dictionary of Current English*，以下简称《牛津》）、《朗文当代英语词典》（*Longman Dictionary of Contemporary English*，以下简称《朗文》）和《柯林斯英语合作辞典》（*Collins Cobuild English Language Dictionary*，以下简称《柯林斯》）等学习词典中，例证的作用主要有如下几种：

1. 给定义提供附加信息。《柯林斯》总是用完整的句子给词目下定义，所以定义本身就提供了例证，从而既可以帮助理解词义，又可以为词目提供确切的上下文以表明其语法特点。例如：

> dilate… When your eyes dilate, or when you dilate them, your eyes become wider or bigger. 当你的眼睛睁大或你睁大眼睛时，你的眼睛变得宽大。（《柯林斯》）

上述句子是给 dilate 作定义式的解释，同时又说明 dilate 既可作不及物动词也可作及物动词。

2. 通过上下文表现词目。这里有一个问题，即在词典编纂过程中如何经济地利用例证，不然很可能出现虽用大量篇幅列举例句却没有真正为词目补充语言信息的现象。学习词典的一个显著特点就是用几个短语或句子来表明定义的语义范围。

consider... Some British Generals considered the attack a mistake. 一些英国将军认为这次袭击是个错误……They consider themselves to be lucky. 他们认为自己运气好…… The do not consider a child as important. 他们没把小孩看得很重要…… I consider it wiser not to criticize the report. 我认为不对这报告作评论是明智之举…… I consider that one is enough. 我认为一个就够了…… Charles Babbage is considered to have invented the first computer. 查尔斯·巴比基被人们看作第一台计算机的发明者。(《柯林斯》)

例证中词的语体信息对于外语学习者来说也是很有帮助的。

fox ... 3. Informal, usu. derog.（非正式，常含贬义）: a person who deceives others by means of clever tricks. 用狡猾的手段骗人者：Don't trust that man. He's an old fox. 不要相信那人，他是一只狡猾的老狐狸。(《朗文》)

3. 区分词的不同含义。这对于多义词具有特别重要的意义。例证能帮助读者又快又准地找到他所需要的意义。如：

impatient ... 1. ...not patient 不耐烦: too impatient with slow learners. 对学得慢的人不耐烦 2. eager... 急于: impatient for one's dinner. 急于去吃晚饭 / to see his wife 急于见到他妻子。(《朗文》)

4. 阐明语法结构。《柯林斯》设一附加栏专为词目提供语法信息及其他相关的语义信息。词条中还就其语法信息设有例句，比如前文提到的 consider 可作一例。又如：

agree... 1. ... He agreed to my idea. 他同意我的观点 /We met at the agreed place. 我们在约定地点见了面。2. ...She agreed with me. 她同意我 /We agreed on the plan. 我们一致通过这项计划 /We agreed to leave at once. 我们决定马上离开 /They agree that they should ask him. 他们一致认为应该去问他。3. ...They will never agree. 他们永远无法取得一致。(《朗文》)

例句放在语法符号和定义的后面以表明各个意义在自然上下文中的用法。这种方式的词义辨析既是语法的也是语义的，因为用文字直接解释显得晦涩，而通过例证却很好地解决了这一难题。

5. 表明其他搭配语。Cowie 在他的《英语学习词典中例证的语言问题》一文中把例证的作用分为"译码的"和"编码的"。关于这一问题，请参见《英语学习词典中例证的语言问题》(Cowie，江桂英译，1989：122)。

例证虽有上述极其重要的作用，但也应当注意合理有效地使用。Thomas Creamer 认为，词典编纂者要想成功地运用例证，必须解决四个主要问题：第一，对所给的例证而言，定义范围太窄还是太宽；第二，例证是否阐明了词目的用法；第三，例证是否放在最合适的位置；第四，对于某词目的定义和用法是否有相应的例证阐明。

根据克里默的观点，我们选取当代较常用的英汉、汉英词典为例进行评述。

1. 定义和例证的关系。定义不可能包括词所有可能的意义或用法，可它至少必须包括与意义相关的上下文。定义范围如果太窄，相应的例证可能会搞混而不是阐明定义；定义范围太宽同样可能引起混乱。《汉英词典》(1983)中"畅"字条就有定义给得太窄这一问题：

畅：(1)smooth; unimpeded：畅行无阻 pass unimpeded / 流畅 easy and smooth; fluent (2) free, uninhibited：畅饮 drink one's fill.

其中，第一个意义的定义精确，例证也贴切。但第二个意义中的例证则不在定义本身范围之内。"畅饮"中"畅"的含义其实和"畅谈"中的"畅"更相近。因此，可以另列第三定义如下：

畅……(3) to one's heart's content：畅饮 drink to one's heart's content

2. 例证的质量。例证用法的第二个问题与例证本身的性质有关。我们已经知道例证的主要目的在于把词放入上下文中。例证如果用得好，就可以通过词目在上下文中的各种表现方式来减轻定义的负荷，表明典型的搭配和用法要点。如果用得不好，则会浪费篇幅，更糟的是歪曲定义的意义。《英汉大词典》中有些词条用了一些不起例证作用的例句。如"drumstick"条中的"a half-eaten turkey drumstick"(吃了一半的火鸡腿下段)和"egg cream"条中的"She sat sipping egg creams"(她坐在那里呷蛋奶)这两个例句，似乎并没帮助读者理解词目的含义。此外，如果例句只一味重述定义，也没法表明词目本身的用法。

例证的数量也应受到一定程度的限制。例证应该是用来补充而不是替换定义并且能达到一定的目的。因此在讨论例证的数量以多少为宜时，应该首先考虑质量，即每个例句是否都能达到一种或多种目的。

3. 例证的位置问题。关于这个问题，可把《现代英汉综合大词典》（以下简称《现代》）和《英汉四用词典》（以下简称《四用》）作比较。《现代》在前言中宣称其词汇容量极大，从自然科学和工程学到语言文学及其他所有社会科学，无所不包。在此且不论这对于语言学习者是否适用，仅讨论其例证的位置问题。一般来说，例证紧接在相关定义后对读者来说很方便，也很有帮助。《现代》先把词目的所有定义罗列出来，再把大堆大堆的例句堆积在后面，而没表明哪些例证与哪个定义相关。这对于词典编纂者而言不失为方便之举，而读者在这本词典面前却会显得束手无策。《四用》的处理方法则是这样的：

alternative〔释〕a. ①交替的；②两者挑一的，n.C ①取舍，选择；②供选择的方案

〔造〕a. ② There is no alternative course. 没有其他路可走。n. ② That lazy boy has no alternative but study hard. 那懒男孩除了努力学习别无他法。

如果为了编排方便或其他目的非要把例证放在所有定义后面，《四用》是值得借鉴的。但笔者认为最为读者着想的方法，应是把每个例证都落实到相关定义中，正如一般的学习词典那样。

4. 没有例证所引起的问题。例证和插图一样，有时可以节省释义用词。前面已经提到，例证可以补充和扩展定义并节约大量篇幅。没有例证，定义就要超负荷。另外，没有例证的定义，可能使读者在记忆没有上下文的词的用法时感到困难。《新英汉词典》没能为 accentuate、consumate、embarrass 等常用词提供任何例句。这样，读者如果想知道如何将这些词用于不同意义，或想知道所遇到的词是用于哪个意义，查阅《新英汉词典》后并不能得到解答。

综上所述，例证对于一般的语言学习词典都很重要。例证与确切的定义连用可以阐明词目在自然上下文中的用法。例证虽然不能取代定义，却能有效地表明定义不容易表达的一些用法。当然，并不是所有的词目都要有例证。而当需要使用例证时，词典编纂者则应该精心选取，以达到预期目的。有了例证，词典和读者都将更充实。

参考文献：

[1] AL-Kasimi, A. M., 1977. Linguistics and Bilingual Dictionaries[M]. Leiden, The Netherlands: E. J. Brill.

[2] Cowie, A. P., 1983. "The user's reference needs" in Lexicography: Principles and Practice[M]. London:

Academic Press, 1983.

［3］Cowie, A. P., 1989. Languages of examples in learner's dictionaries in Lexicographers and Their Works[J]. Exter Linguistic Studies.

［4］Landau, S. I., 1984. The Art and Craft of Lexicography[M]. NY: Scribner.

［5］Creamer, T., 1987. Beyond the definition, some problems with examples in recent Chinese-English and English-Chinese dictionaries[A]. In A. P. Cowie (ed.), The Dictionary and the Language Learner[C]. Tubingen, Niemeyer.

［6］Zgusta, L., 1971. The Manual of Lexicography [M]. Czech: Academia.

［7］陆谷孙, 1989-1991. 英汉大词典（上、下）[Z]. 上海：上海译文出版社 .

［8］吴光华, 1991. 现代英汉综合大词典 [Z]. 上海：上海科学技术文献出版社 .

［9］吴玉敏、张秀坤, 1936. 英汉四用词典 [Z]. 吉林：延边人民出版社 .

［10］中国社会科学院语言研究所, 1996. 现代汉语词典 [Z]. 北京：商务印书馆 .

联想活用：学习词典的发展趋势

——兼评《朗文英语联想活用词典》

一、引言

中国学生学英语，从一开始就是伴着语法和句型结构而进行的，因此他们在进入大学英语学习阶段时已基本掌握了英语的基础语法和常用句型。作为高校的外语教学工作者，我们听大学生抱怨最多的就是词汇量不够而影响了听、说、读、写、译各方面的能力。事实果真如此吗？

不妨作个比较。朗文系列的所有学习词典都抱定一个宗旨：用最常用的 2000核心词汇来描述 2000 以内及以外的词的定义、用法等等。编者认为，尽管涉及专业的词汇常常超出这个范围，这 2000 词汇已基本包括日常对话所需的词。根据大学英语教学大纲的规定，达到国家英语四级水平的大学生应已领会式掌握 4200 单词（其中复用式掌握 2500），达到六级水平者应已领会式掌握 5500 单词（其中复用式掌握 3000），都已超出朗文公司拟定的 2000 核心词汇的数量。因此，笔者认为，学生面临的最迫切问题不在于词汇量不够，而是如何使学过的词"活"起来，以及如何把学过的词系统化而达到举一反三。

传统外语教学中的词汇教学仅强调词的字面意义，教学方法则主要是对比和翻译，忽视了词汇在实际使用中的意义。丰富的词汇学研究成果表明，知道一个词就可以知道该词与其他词之间的关系网络。索绪尔是从横组合和纵聚合关系的角度来考虑词与词之间的联想和搭配的。若在一定的语言环境中可以相互替代，这组成分便具有纵聚合关系；若几个成分又可组成一个比较大的线性语符列，这些成分便具有横组合关系。依据纵聚合关系可以联想到一个已知词与其他词的从属或并列关系、上下义关系、同义与反义关系等。横组合关系则主要是词的搭配关系，含固定搭配、自由搭配、限制性搭配等。

"消极词汇"一般指那些遇到时能认出的词；"积极词汇"则一般指那些不但认识而且还能直接应用于说写过程中的词，亦即"活"词汇。直接处理词汇问题的词典也可据此分为积极型和消极型两种。谢尔巴是在讨论双语词典时提出积极型和消极型概念的，因此他通过比较本族语（L1）和外语（L2）在词典中所居的地位来确定某词典是解释性词典还是翻译词典（Hyldgaard-Jensen & Zettersten, 1992：34,

25）。其实单语词典同样可以分为积极型和消极型，只是据以分类的标准有所不同罢了。

常见的英语学习词典如 *Oxford Advanced Learner's Dictionary of Current English*（以下简称 OALD），*Longman Dictionary of Contemporary English*（以下简称 LDCE）和 *Collins COBUILD Dictionary of the English Language*（以下简称 COBUILD）等，都属于积极型单语词典。它们的积极型性质突出表现在这些词典除了为词目提供注音和释义外，均有极详细的用法信息，含有诸如词性，搭配，句型，例证，同、近义词辨析，语域乃至语用和文化信息等方面的内容。读者借助词典一般可在一定上下文中正确使用词语。这些传统的学习词典尽管有诸多优点，却没能脱离俗套，即没能更精心设法让词汇"活"起来。在这点上，朗文集团公司 1993 年版《朗文英语联想活用词典》（*Longman Language Activator* 以下简称《活用》）无疑走在了前列。

二、《活用》编纂的特点

英语学习者经过一定时间的学习，常常会觉得自己好像到了一个停滞点，不知怎样才能进一步提高。《活用》明确说明其宗旨在于"帮助中级到高级的读者生成语言，亦即对他们的想法进行编码"，并自豪地宣称它是"世界上第一部联想生成表达词典"。这句话固然有些商业味，细读本书后却觉其不乏名副其实之处。

《活用》最大的特点在于可读性强。传统的学习词典尽管基本上都以积极型为宗旨，但其生成作用却多少受到这样或那样的牵制。这些词典往往假设查阅者已经知道该词的拼写方式，可实际上查阅者在生成语言时往往只有较模糊的概念，因而才寻求词典的帮助。《活用》是这样解决这一矛盾的：把 1000 个左右的关键词用大写形式按字母顺序排列在词典中，并连同其释义一起放置在显眼的黑底方框中，而那些次常用的词，则既可直接在关键词某意义下的同义词中查找到它们的意义，也可通过正常字母顺序查到它们，并按参见指引查找到意义。如：

acute   SERIOUS SITUATION

找到方框中所列的 SERIOUS SITUATION 条后，即可见到 acute 列在与"严重的形势"一义相关的同义词中，同时列出的其他意义相关的词有 bad、grim、grave、critical、desperate、be no laughing matter、be no joke，这些同义词然后又被单列为词目，并一一得到详细的描述。

《活用》可以作为一本书来读。读者随意翻阅这本词典，会发现"它为读者提供一种特别丰富的娱乐性很强的语言学习经历"，这尤其表现在它把相关意义的同义词列在一起进行比较，让读者得知其在不同上下文中的使用。这比死记硬背那些英汉对照的词汇表获益大得多。

此外，《活用》在编排技术上也把可读性考虑在内。首先，对于关键词，即读者最有可能据之查阅信息的那些词全部用黑体大写标出，并连同该词的各种意义一起置于封闭的黑底方框中。其次，分列各种意义时仍然用黑体大写标明，进一步解释各种意义，置于封闭的白底方框中。再次，处理各种意义下的同、近义词时，用开放式方框，先标明该词词义，列出意义相关的其他词，再把其他各词作为独立词目给出更详细的语法、语义、语域等方面的描述。

本词典的另一特色在于它对同义词或近义词的处理。把《活用》和有口皆碑的 *Roget's Thesaurus*（下简作《罗瑞》）作一粗浅比较，我们就不难看出其长处。

《罗瑞》在1987年版的序言中自称是"好几代英语说、写者不可或缺的伙伴……其独一无二的价值在于帮助写作者或说话者理清思路，把他们想表达的可是很难捕捉或表达清楚的东西形成明确的想法"。显然，这是一部生成词典。《活用》也在前言中声明，其编纂目的旨在"帮助中级到高级的读者生成语言，亦即对他们的想法进行编码"。《罗瑞》自称"实际上是根据基本概念和意义分类的单词和词组的集合"。《活用》也称"本书最重要的革新在于把通常具有共同意义、概念或语义场的单词意义或词组意义组织在一起"。

正因为《罗瑞》只是一本"词汇的集合"，它充其量只能给出多义词的不同意义并把它们各自的同义词或近义词罗列出来，而对于同一组同义词中各词的细微然而最重要的差别却没能作出任何描述。读者若要生成符合不同语境的句子，在同义词堆中只能任选一个而不考虑该词的内涵和适用范围，这就很有可能张冠李戴，以致引起交际困难。这在跨文化交际中是个非常值得重视的问题。

《活用》在这方面迈出了极有意义的一大步。该书的编者竭其所能对有代表性的书面语和口语语料库进行语义分析，从而对近义词的貌似细微实为重要的意义差别作了很有建设性的辨析。

Zgusta 认为："在比较近义词时，最重要的是对它们各自的词汇意义逐条分析，找出标准语义特征，确立其内涵和各自的适用范围。"（Zgusta，1971：95）《活用》在这点上做得真是无懈可击。比如，在 control 条目下的 under sb's control 项内列出了 be at sb's mercy、be in sb's power、be under sb's spell、doormat 这几个意义相关的词或词组，并对它们作出如下描述：

> be in sb's power   if you are in someone's power, you have to do whatever they
> want you to do, especially because they have some emotional power over you
> [v. phrase]（如果你处于某些人的权力控制之下，他们想要你做什么你就得

做什么，尤其是因为他们对你有种情感上的压迫力。[动词词组]）

be under sb's spell if you are under someone's spell they have almost complete power over how you feel, the way you behave etc., especially because you love or admire them very much [v. phrase]（如果你被人迷住了，他们对你的感情和举止等具有几乎全部的控制力，特别是因为你非常爱他们或崇敬他们。[动词词组]）

be at sb's mercy if you are at someone's mercy they have the power to decide whether good or bad things happen to you, in a way that you cannot prevent [v. phrase]（如果你任由某些人摆布，他们有权以一种你无法阻止的方式决定让你获益或受害。[动词词组]）

doormat an informal word meaning someone who lets other people treat them badly and who does not complain or try to change their situation [n. C]（非正式词，意指某人任由他人虐待而不抱怨或不试图改变自己的现状。[可数名词]）

上例中对各近义词的情感意义、行为方式及适用范围都作了详尽的描述。

《活用》的又一个革新表现在对一些语义虚化的动词的处理方法上。传统的学习词典和普通词典一般把这类词的意义全部罗列在一起，查阅者只能望而却步。OALD 在这点上比其他的词典做得好。如它把 go 的意义分成 movement、position、activity、state、sound、coming to an end、commands、other meanings 八大项，并把每大项独立成段，每大项关键词（用大写字母）前用黑三角箭头标示。《活用》则根据这些虚化动词的意义存在于与它们共现的词组内这一特点，摒弃了无谓的罗列。如在 go 条内只列出参见条目，其余均以短语（包括习语和搭配语）作为词条列出，并在每个词目后注出参见条目。读者查阅时间缩短了，通过参见其他同、近义词，又可进一步了解与该意义相关的其他词或词组的用法。

《活用》对语法搭配和词汇搭配的处理也很详尽。如 abuse 作动词用时，用黑体标出：abuse sb 和 abuse sb for sth；作名词用时，用黑体标明：shout/scream/hurl abuse（骂人），term of abuse（骂人语）及 torrent/stream of abuse（破口大骂），并分别配上例句。

三、《活用》为英语教学带来的启示

我国大学英语教学大纲提出的大学英语教学目的是"培养学生具有较强的阅读能力，一定的听、说、写、译能力，使他们能以英语为工具交流信息"。这正说明学生

学英语的目的在于学以致用，其最终目的是为了能以英语为工具交流信息。因此，为适应以学生为主体的教学改革方向，活学活用或联想活用必将是词汇教学的一个重要途径。

　　许多英语学习者手头堆着不少词汇速记，号称能帮助"突破数千上万词汇大关"的参考书籍，并下苦功反复背诵，更有雄心勃勃者甚至以背熟一两部学习词典为目标。结果却发现此举虽非徒劳无益，但也收效甚微。这是什么原因？笔者认为，词汇表中按字母顺序列出的单词犹如一盘散沙，即使脑子里已装进不少诸如此类的符号，却缺乏一条主线把这些零星的词汇联结成一个有机体，以致不可避免地漏收许多"盘中沙"。《活用》的相关应用语言学研究成果为读者提供了许多主线。它使英语词汇的学习不再枯燥乏味。因此，笔者认为，联想活用同样也必将成为学习词典的一种发展方向。

参考文献：

[1] Hyldgaard-Jensen, K. & A. Zettersten eds., 1992. Symposium on Lexicography V: Lexicographica Series Major 43[C]. Tubingen: Max Niemeyer Berlag GmbN and Co. K G.

[2] Howard G., 1993. The Good English Guide: English Usage in the 1990's[M]. London: Pan Macmillan Publishers Limited.

[3] Longman，1993. Longman Language Activator[M]. 上海：上海外语教育出版社．

[4] Zgusta, L., 1971. Manual of Lexicography[M]. Prague: Academia Publishing House of the Czechoslovak Academy of Sciences.

[5] 陆国强，1983．现代英语词汇学．上海：上海外语教育出版社．

[6] 束定芳等，1996.现代外语教学理论、实践与方法 [M].上海：上海外语教育出版社．

从框架语义理论发展轨迹看学习词典的认知取向

一、引言

伴随着认知语言学的发展，以传统的结构主义语言学为理论基础派生出的传统词典学也日益受到挑战和质疑，尤其是在词汇和语法的人为分割、语言知识和百科知识关系的人为分割以及将客观主义、逻辑实证主义作为根基的局限性等方面走入了困境（赵彦春，2003：9-11）。而认知语义学则利用原型理论和框架语义理论等突破传统语义学的樊篱，回答了后者所依据的古典范畴理论所无法解决的诸如边缘意义与中心意义的关系等一系列问题。因此，认知语言学，尤其是框架语义理论，必然会为直接实践其研究成果的认知词典学注入全新的活力。

本文拟循着 Charles J. Fillmore 框架语义理论的发展轨迹，比较传统的英语学习词典与认知型学习词典（以 FrameNet 为例）的异同，从而探讨认知型学习词典的未来走势。

二、菲尔墨框架语义理论的发展轨迹 [①]

框架语义理论是 Fillmore 依其早期（1968）对句子进行格语法研究的格框架理论发展而来的。它"既是实证语义学的研究计划，同时也是这类研究结果的一个描述框架……[它] 提供了一种观察词语意义的特别方式，同时也试图刻画一种语言产生新词和新短语，以及向已有的词语里增加新的意义，或将文章中各部分的意义组装到一起，从而形成全篇具有完整意义的文章等所需遵循的原则"（Fillmore，1982：111）。"框架"体现的是"全部的概念系统"。其含义是：要理解概念系统中的任何一个子概念，都必须以理解其所在的整个结构为前提；一旦把这一概念置于文本或话语中，该系统中所有其他概念就都被自动激活。

早在 20 世纪 50 年代末就读于密歇根大学期间，Fillmore 就试着用词语串或词类串作为"框架"（frame）来发现英语词语的分布类型。后在 60 年代早期参加俄亥俄州立大学的语言分析课题的研究时，他主要承担英语动词的分类工作。其分类不仅根据动词可接受的表层句法框架（surface-syntactic frame），而且还以动词的语法"行为"为依据。到 60 年代后期，Fillmore 又指出，如果动词的相关结构可以用与其相关的语义角色进行描述，则动词和小句的分类可能更有意义。同时，Fillmore 开始

[①]　NSF IRI-9618838："词典建构工具"，1997 年 3 月—2000 年 2 月。

关注动词"语义配价"（即描述动词论元的语义角色）的重要性，并据此提出动词在句中的两个基本分布特征：第一是深层结构配价描写（即"格框架"）；第二是规则特征的描写。

"格框架"描写的一个典型例子是：Harry broke the window with a hammer.

这里的三个名词性成分分别为施事（agent）、受事（patient）和工具（instrument），可以用符号表示为：[API]。该描写对"格框架"（case frame）和"格框架特征"（case frame features）作了区分：前者是包含某动词的实际句子结构；后者则是各类格框架的表达方式，描述哪些动词可用于该格框架中（Fillmore，1968：22）。

在 Fillmore 看来，"框架"概念在格语法中的应用和在"框架语义理论"中的应用是连续的。他认为每一个格框架都是一个抽象的小"场景"（scene）或"情景"（situation）。这样，要理解动词的语义结构，就必须首先理解这类图式化情景。情景图式可以通过语义格系统来定义，它有助于理解动词语义结构与该动词基本句法的相关性，以及不同语言形成最小子句的不同方式，但无法全面描述个别动词小句的语义结构。这就必须借助另一个独立层次上的角色结构来描写动词（尤其是在限定域内）的语义。

Fillmore 注意到，要描述所有词汇的语义特征，就必须在更大的认知结构中提供新的语义角色概念。他对这一认知结构进行描述的首次尝试是对 blame、accuse、riticize 等动词的描写（1971）。他设想出一种本质上与"格框架"不同的"图式化情景"。其中对不同角色类型的人，包括法官（对某人、某价值或某行为进行判定）、被告（行为或个性需要法官来判决）和情境（法官据以作出判决的情境）。在此框架下，accuse 是指法官宣称被告人要为某情景负责；criticize 的结果是：在被告要对某事负责的情况下，法官提出论点使人们确信，被告造成的这种后果无论如何应该受到责备。这一分析不再把上述词语作为各自独立的词，而是一个"域"，其中各要素以一定方式假定"判决"的图式以及和价值、责任、判决等概念相关的行为。在"域"中，不理解社会背景或假定的经验结构，就无法真正理解词义。

Fillmore（1977）描述的第二个至今仍常被引用的"域"是"商业事务"。他指出，这里有一个重要的英语动词大类，其内部成员相互间以不同方式在语义上相关，动词则以不同方式激活共同的"场景"。该图式场景包括 buyer（买方），seller（卖方），goods（商品）和 money（货币）等要素。其中，buy 注重"买方"关于"商品"的行为，而"卖方"和"货币"是背景；sell 则正好相反。动词 pay 注重"买方—货币—卖方"的关系，以"商品"为背景，等等。此外，还有 spend、cost、charge 等动词，以及处于较边缘的其他类似词语，都可作此描述。因此，菲尔墨这里的框架结构是用来激活范畴的，这些范畴是说话人在描写情境时必然用到的；这些情境可能独立于实际的言语或交际环境。此外，在实际交际情景中理解一个语段时，就涉及到将现实世界图式化的能力，从而产生了"认知框架"（cognitive frames）和"互动框架"（interactional frames）。后者涉及如何将言者和听者（或作者和读者）之间正在进行的交流概念化的问题。

20 世纪 70 年代初的言语行为、表述行为和普通语用理论开始对菲尔墨产生影响，使其开始探讨预设和指代功能（Fillmore, 1975）。70 年代中期，Eleanor Rosch（1973）以及 Brent Berlin & Paul Kay（1969）的研究则让 Fillmore 开始注意"原型（prototype）"概念对于理解人类范畴化认知能力的重要性。他开始提出用原型概念来描写词语意义，认为定义和理解词语的意义所依靠的框架或背景通常相当大一部分是我们周围文化，并且最好把这种背景看作"原型"，而不是真正的实体。此外，"原型"理论还能把词语的使用和复杂性归为原型背景框架的细节，而不是词义本身的细节。比如，要理解 orphan（孤儿），除了将其解释为"父母去世了的孩子"之外，还应基于以下假设：孩子依靠父母的关心和指导，并且父母有责任提供这种关心和指导。另外，尽管范畴 orphan 中没有"内置"任何关于年龄的规定，可是 20 岁以后的人通常被认为可以照顾自己，因而不再是孤儿。在一般的原型情境下，孤儿是受怜悯和关心的对象，因而有了这则笑话：在法庭上一年轻人被指控谋杀自己的父母，他对犯罪事实供认不讳后乞求法庭的宽恕，理由是他是一个孤儿。显然，"孤儿"的原型图景并不涵盖由于自身的行为将自己变成孤儿的孩子。

概括地说，Fillmore 把描写框架中的词语等语言形式以及范畴都当作索引用的语义或认知范畴。这些范畴本身是更大的概念结构的一部分。要理解这个框架的全部，就要了解关于各种语境的知识。一个言语社区在语境中创设为该社区成员所用的范畴。这样的语境存在于经验和实践中。而范畴、语境、背景等概念则是通过"原型"来解读的。也就是说，"框架"作为语义描写中起作用的概念，是和一些理据性语境（motivating context）相一致的结构化范畴系统。一些词语的存在，就是为了将这些框架知识提供给交际中的参与者，同时完成对框架的范畴化。

比如，在西方文化背景下，vegetarian（素食主义者）是指只吃植物性食品并且是有意避免吃肉食的人。这一行为可能基于对营养的认识，也可能出于对动物生命的关爱，但该词不包括那些因找不到或买不起而没有吃肉的人们。又如，land 和 ground 的区别在于，land 指"陆地"（相对于 sea），ground 指"地面"（相对于 air）。因此，一只鸟"在陆地上生活"（spends its life on the land）是指它不在水里生活，而一只鸟"在地面上活动"（spends its life on the ground）是指它不在飞。类似地，shore 和 coast 的区别在于，shore 是从水的角度看陆地和水之间的分界，而 coast 是从陆地的角度看陆地和水之间的分界。一段 from shore to shore 的四小时旅程是在水上进行的，而一段 from coast to coast 的四小时旅程则是在陆地上进行的，同样地，

we will soon reach the coast 是指从陆地向海岸旅行；we will soon reach the shore 则是指从海上向海岸旅行。这些细微差别是这两组词以不同方式将现实世界图式化的结果。

如果说 Fillmore 深层格的概念为单子句谓语的语义问题提供解释是在子句的基础语法结构层面上进行的话，那么对语法语义学研究视野更为广阔的则非 Leonard Talmy（1980）和 Ronald Langacker（1987）莫属。词汇框架提供了"内容"，而语法结构则为内容完成"配置"功能。也就是说，任何语法范畴或模式，都把自己的"框架"强加在它构筑的材料上。例如，英语过去完成时可以描述为这一时态所标记的事件或情境发生在过去的某个时候。而进行态的图式化情境是指连续的或在一段时间内重复进行的行为事件。那么该如何解释 she had been running 呢？菲尔墨的解释是：说话人在叙述当时场景时，"她"还在喘气、流汗或显得疲惫不堪。

Fillmore 还提出借助认知框架解释语言文本的两种方法。一是通过词汇和文本中可观察的语法材料"激活"解释者头脑中的相关框架，二是解释者通过"援引"（invoke）一个特别的解释框架使文本内容变得清晰。通过对词语意义或文本解释材料的观察，Fillmore 用框架语义理论的概念对其进行公式化表达。同时，他还考察了"同一"词项下可替换性框架造成的多义性，认为不少多义词都可能适合两个不同的框架，比如由普通名词转换而成的专业用语。他指出，在某一情境中一个人不愿意出钱，可能被描述为 stingy（小气）（相对于 generous），同样的情境也可能被描述为 thrifty（节约）（相对于 wasteful）。通常，stingy—generous 这组反义词关注的是"行为者的态度和处世方式"，而 thrifty—wasteful 则是"对使用金钱和其他资源的能力或智慧进行评估"。

框架语义理论的发展轨迹表明，对于词语意义建构的研究，已经从传统结构主义语言学通过语义关系来完成转到以词语所在"域"或"框架"的形成达到理解词义上来了。

三、框架语义理论应用于词典学领域的产物——FrameNet

1. FrameNet 简介

FrameNet 是 Fillmore 携加州大学伯克利分校国际计算机科学学院（ISCI）的部分教师和研究生（大多就教或就学于语言学系），依据其框架语义理论开发的集详解词典与类义词库功能于一身的在线英语词典。该项目以计算机为辅助，对例句进行注解，并对注解结果自动制表列出，从而记录各词目词每个义项的语义和句法组合可能性（配价）的范围 [①]。

[①]　见 http://www.icsi.berkeley.edu/ ～ FrameNet/。

Fillmore 在 2000 年的结题报告[①] 中指出，该产品包含 5,000 个分别从词典和词库角度描述医疗、机会、感觉、沟通、交易、时间、空间、身体、运动、生命周期、社会语境、情感和认知等目标域的"词元"(lexical units)[②]。到如今，FrameNet 的词汇数据库已经包含约 10,000 个词元、800 个语义框架和 120,000 条例句。这组数据充分体现了该词典的动态性。实际上，只要读者打开 FrameNet 的主页，就可以看到右上角方框中总是列着若干最近更新的词元或框架。

2. FrameNet 的编排方式

FrameNet 的编排原则是"以框架为基础"和"以语料库为基础"。它为每个多义词或多配价词的用法提供出现于词典所依托的语料库的相对词频数据；同时每条用法均配以基于语料库的例句，并详述相关的框架要素(frame elements)在语法上是如何实现的。该词典的工作流程如下：

首先，课题组以英国国家语料库(BNC)的资源为依托，先后开发出一整套语料库管理工具，包括 Stuttgart 的语料库管理工具 Xkwic、CQP 和基于 CQP 的宏观加工器。这些工具的功能包括搜索、收集和加工取自语料库的词块(concordance lines)并作注解，表明各个词项在框架语义内的实现方式。

其次，课题组用这些工具建构词语数据库，确保每个域中主要框架的框架语义描述尽量精确。其中，每个框架的编写工作都由以下三个步骤组成：

(1)框架的初始描述

编者的工作始于非正式地描述一个新的框架所表示的情景，并列出他/她认为可以解释与该框架意义相关的所有词语。这就是所谓的"闭门造车"阶段。词典 - 语义学者利用自己或其他以英语为母语者的直觉，构想各个框架的结构，列出框架要素，同时也查找报纸、电子词典以及类义词库；甚至偶尔涉猎于词汇语义学文献中。(Fillmore *et al*., 2003b: 299)

比如在解释 attaching 这一框架时，编者基于对该框架的描述(或定义)列出与该框架相关的一系列动词：append、attach、connect、fasten、join、link、secure、bind、chain、clip、glue、lace、lash、nail、paste、pin、screw、staple、stick、tack、tie、tether、weld、yoke 等。其中有些动词需用连接词(connector)，比如派生于名词的 glue、chain，而 connect 和 join 的示意性已经很明确。实际上以上这些动词都预设了某种连接方式的使用，因此都适合于该框架的初始描述(Fillmore *et al*., 2003b: 299)。

(2)"流水线作业"阶段

这一阶段的主要工作是为各词目配备基于语料库的真实例句，并对含有这些词的句子作句法和语义注解(见图 1)。

---

① NSF IRI-9618838；"词典建构工具"，1997 年 3 月—2000 年 2 月。

② 以下简作 LU，指只有一个义项的词或多义词中表示其中一个义项的词元。

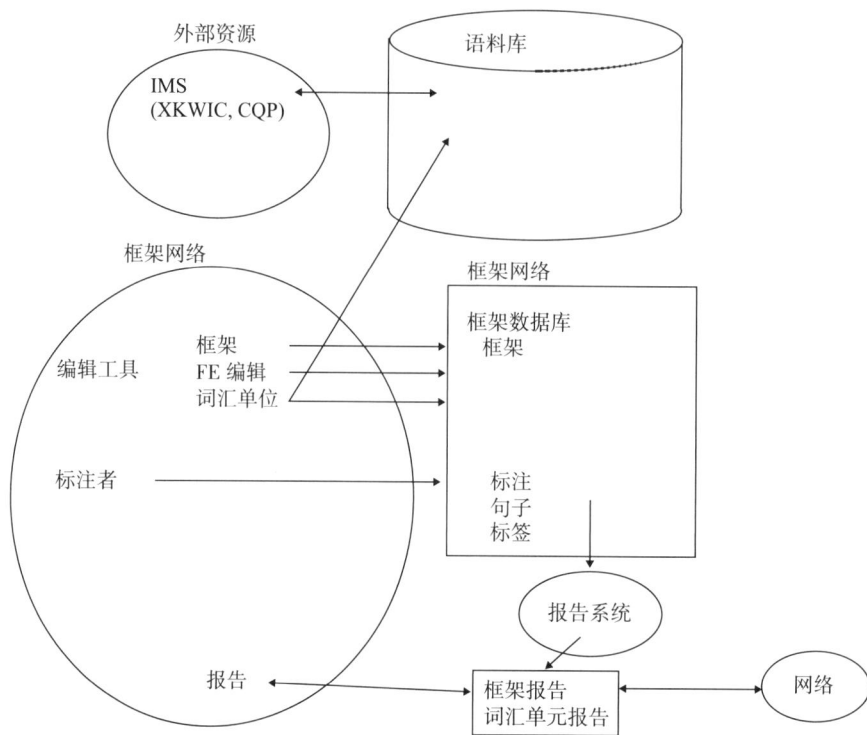

图1　FrameNet 工作流程图（Fillmore *et al*., 2003b: 298 ）

（3）词条编写阶段

词典编纂的大部分工作集中在这一阶段。具体包括:（a）输入并编辑框架描写以及词元列表,（b）从语料库中抽取句子,（c）用与框架相关的标签标注所选句子,（d）组织并显示编写结果。其中,描述框架以及选择注解中使用的框架成分由框架编辑和框架成分编辑负责。词典编纂者通过词元编辑,利用关于词元的句法和搭配语境的观察结果,设定创建可能出现具有一定意义的某词的句子集合的参数。（Fillmore *et al*., 2003b: 298 ）

3. FrameNet 和传统词典的异同

（1）和其他词典的次词条（subentries）一样, FrameNet 的词元也给出定义。定义或参照《简明牛津词典》（COD, 第 10 版）, 或由 FrameNet 的工作人员撰写。但和一般的商业词典不同的是, 后者为每个词元的各个义项都配以大量带注释的例句。例句（每个词元配 20 条左右）阐明该词元所有可能的搭配。这些例句都是取自真实语料库而不是语言学者或词典学者的杜撰。FrameNet 以 BNC 为主要语料库。BNC 的优点是数量巨大, 且文本种类比较均衡, 包括社论、教材、广告、小说、呼召词等; 而针对 BNC 天然的不足——大量美语表达法的缺乏, FrameNet 用宾州大学语言学数据学会（Linguistic Data Consortium）提供的美国新闻专线文本以及新近出版的美国母语语料库（American National Corpus）作为补充。

（2）传统词典往往按字母顺序对每个词目词进行分析，而 FrameNet 对词目词的分析则是在框架内进行的。这一做法解决了传统词典的编排使得"有亲缘关系的词……永远不能'团圆'"的问题（赵彦春，2003：21）。对框架的描述包括以下步骤：首先对该框架所表示的实体或情景作图式化描述，其次选择记忆法（mnemonics），对实体或框架成分作标注；再次是构建与该框架意义相关的词汇表。凡属同一框架的成员意味着包含该词元的短语都可进行比较语义分析（Fillmore et al., 2003b：297）。

（3）FrameNet 的编写过程和传统的词典编纂方法也大不相同。传统词典一次只解决一个词（lemma）并给出该词的所有意义（即所有相关的词元），而 FrameNet 是同时分析一个框架内的所有词元（Fillmore et al., 2003b：297）。如果说传统词典编写的进展情况是以完成了多少词条来衡量的话，FrameNet 则是以建构了多少框架来衡量的。每个词元都和一定的语义框架相关联，同时也就和激活该框架的其他词语建立了联系。这种将词汇按照语义相似性归类的做法使得 FrameNet 带有类义词词库的性质。正因如此，已经完成的框架中包含某词语的一个或更多的词元并不排除以后的框架中也包含该词语其他词元的可能性。

此外，一般词典多少都会提供各个结点（nodes）的等级关系，FrameNet 也不例外地涵盖了框架间网络关系。以下是框架间网络关系的几个例子：

①遗传：是一种"IS-A"的关系。子框架是母框架的细类，母框架的每个框架成分都和子框架的相应成分相关联。比如，"报复"框架是"奖惩"框架的子框架。

②使用：子框架把母框架预设为背景。如"速度"框架利用（或预设）"运动"框架；不过并非所有母框架的框架要素都必然和子框架要素相关联。

③子框架：子框架是母框架所描述复杂事件中的一个分类项，如"罪犯[惩处]过程"框架包括"逮捕、传讯、审判和判决"等子框架。[①]

4. FrameNet 的特点

FrameNet 具有如下特点：

（1）FrameNet 不仅提供单词释义，对例句进行标注，提供多种索引方式，说明词目词的句法特征，给出词目词的配价结构。

（2）FrameNet 除了本身具有在线详解词典和多功能类义词库的功能外，由于其为词目词的语法及搭配特征、句法信息以及基于语料库的真实例句等提供了翔实的信息，因此也被普通词典编纂者当作数据库来使用。

---

① Charles J. Fillmore, "FrameNet: An introduction", http://www.icsi.berkeley.edu/ ～ FrameNet/.

（3）FrameNet 还为近义词、搭配、句法及语义结构的区别，词汇允许下的省略以及语义推导等的研究提供了丰富的语言材料，这在为语言研究提供素材和语言处理提供工具的同时，也使其成为一部既承袭了传统词典优势又独领风骚的创新型认知学习词典。

四、结语

从早期传统的英语学习词典的编写大量传承结构主义语义学的研究成果，到当代英语学习词典，如著名的"五大"之一、基于语料库的柯林斯合作词典（COBUILD）将语用学研究成果引入词典，以句子释义开创学习词典之先河，以及之后被称作"学习词典新标杆"[①]的 MacMillan 反映近年来认知语言学关于隐喻的研究成果，再到 FrameNet 为读者构建词目词的整个概念框架和相关网络。可以说，词典每走一步都体现出其向读者的语言认知规律逐渐靠近的趋势，即越来越符合"以学习者为中心、关注词汇能力的推理能力、自上而下的处理方法、联想性/增效性、关注记忆"等认知型学习词典所具有的特征（赵彦春 2003：18）。这对于我国今后不论的编写汉语词典还是英汉双语学习词典而言，都是一个不能不关注的发展趋势。

参考文献：

[1] Atkins, S. & C. J. Fillmore, 2003. Lexicographic relevance: Selecting information from corpus evidence [J]. International Journal of Lexicography, 16 (3): 251-280.

[2] Berlin, B. & P. Key, 1969. Basic Color Terms [M]. Berkeley: University of California Press.

[3] Coleman, L. & P. Kay, 1981. Prototype semantics [J]. Language, 57: 26-44.

[4] Fillmore, C. J., 1968. The case for case [A]. In E. Bach & R. Harms (eds.), Universals in Linguistic Theory[C]. New York: Holt, Rinehart & Winston.

[5] Fillmore, C. J., 1971. Verbs of judging: An exercise in semantic description[A]. In C.J. Fillmore and D.T. Langendoen(eds.), Studies in Linguistic Semantics[C]. New York: Holt, Rinehart and Winston.

[6] Fillmore, C. J., 1975. Santa Cruz Lectures on Deixis[C]. Bloomington: indiana University Linguistics Club.

[7] Fillmore, C. J., 1977. Topics in lexical semantics[A]. In W. C. Roger(ed.), Current Issues in Linguistic Theory[C]. Bloomington: Indiana University Press.

[8] Fillmore, C. J., 1982. Frame semantics[A]. In Linguistics in the Morning Calm[C]. Seoul: Hanshin Publishing Co. 111-137.

[9] Fillmore, C. J., 2003a. Background to FrameNet[C]. International Journal of Lexicography, 16(3): 235-250.

[10] Fillmore, C. J., *et al.*, 2003b. FrameNet in action: The case of attaching[J]. International Journal of

---

① 曾泰元，2005. 序言三——学习词典的新标杆 . In 麦克米伦高阶英汉双解词典 [M]. 北京：外语教学与研究出版社 .

Lexicography, 16(3): 297-332.

[11] Katz, J. J. & Jerry A. Fodor, 1963. The structure of a semantic theory[J]. Language, 39(2): 170-210.

[12] Langacker, R. W., 1987. Foundations of Cognitive Grammar[M]. Stanford University Press.

[13] Rosch, E. H. 1973. On the internal structure of perceptual and semantic categories[A]. In Timothy E. Moore (ed.), Cognitive Development and the Acquisition of Language[C]. New York: Academic Press.

[14] Rupenhofer, J. *et al*., 2006. FrameNet II: Extended Theory and Practice. http: //FrameNet.icsi.berkeley. edu.

[15] Talmy, L., 1980. Grammar and cognition[D]. University of California at San Diego (Master's thesis), Cognitive Science Program.

[16] 赵彦春, 2003. 认知词典学探索 [M]. 上海: 上海外语教育出版社 .

认知语义学与词典学关系探索

一、引言

词汇语义学与词典之间具有典型的理论与实践相结合的孪生关系。词汇语义学每前进一步，可以说都会在词典学中留下多多少少的印痕。同时，词典编纂中遇到的诸多问题又必然成为词汇语义学发展的推力。随着认知语义学的发展，认知框架下的词汇语义学为以往英语词典的编纂方法提供了理论支持，同时也为今后的词典发展指明了方向。因此，梳理二者之间的关系对于二者的相互促进，特别是认清认知语义学对于当今词典学界所可能引起的变革，无疑是个具有现实意义的课题。

本文拟以 Geeraerts（2002）关于现代词汇语义学各个流派的历史沿革为线索，从两方面考察词汇语义学与词典的关系：一是词汇语义学如何为词典的宏观分类提供了理论依据和划分标准；二是从微观入手，重点考察不同时期的语义学理论为各个时期的词典释义，尤其是多义词的释义，提供了哪些理论依据和编排标准，存在哪些问题，并期待从中管窥认知语义学对于今后词典学理论和实践可能产生的影响。

二、现代词汇语义学历史沿革

Geeraerts（2002）从语言学的视角将现代词汇语义学划分为四个流派。现分述如下：

1. 前结构主义语义学阶段（1870—1930 年）

这一阶段历时语义学的代表人物是 Bréal、Paul、Darmesteter、Nyrop、Carnoy 和 Stern。这时的语义学有以下三个特征。一、和整个 19 世纪的语言学相对应，其研究取向是历时的，语义学关注的是意义的变更；二、意义变更多集中于词语意义的变更，其研究取向显然是词汇语义层面的，而不是语法层面的；三、意义这一概念更多是从心理学的角度进行考察：一方面，词语意义被看作心理实体，即思想或观念；另一方面，意义变更被看成心理过程的结果（Geeraerts，2002）。

2. 结构主义和新结构主义语义学阶段（1930—1960 年）

Trier 往往被看作结构主义语义学的代表人物，而真正受到索绪尔的启发从理论上和方法论上将这一新的视角付诸实施的则是 Weisgerber。Weisgerber（1927）的主要贡献在于对前结构主义的三个特征进行针锋相对的批判：其一，意义研究是不可分割（atomistic）的，必须和语义结构相联系，是整体性的（holistic）；其二，应是共时研究而不是历时研究；其三，语言意义的研究自然应从语言学的角度出发，而不是从心理学的角度出发（转引自 Geeraerts，2002）。

据此，结构主义语义学家将以下三种词语意义结构作为词汇语义学方法论的基础：一、语义场分析基础上的语义相似关系，二、包括同义、反义和上下义在内的各种语义关系，三、横组合语义关系。

新结构主义语义学和以上三种语义关系结构的阐述密切相关 Coseriu 及其支持者的词汇场理论随着对成分分析法提出的种种质疑而使得本研究基本处于停滞状态；Cruse（2000）的语义关系法则开始强调认知语义学的影响。从语义关系角度对词汇语义学作深入研究的还有 Melçuk 等（1988，1996），其研究旨在判断一组普遍有效的语义关系以描述任何一种语言中词语间的语义联系。

以 Firth（1957）为领军人物提出的语义概念的横组合关系则发展成为极富生产力的搭配分析传统。搭配关系的研究结果被有机融入 Halliday（Halliday & Hasen，1976）的功能语义学、Sinclair（1987）和 Moon（1998）的词典学中。

3. 生成语义学和新生成语义学（20 世纪 60 年代到 80 年代早期）

在 20 世纪 60 年代后半期和 70 年代的大部分时期，Katz（1963，1972）和 Fodor（1963）提出的新结构主义的词语—语义描述的生成模型对词汇语义学产生了巨大影响。从词汇语义学本身来看，Katz 将结构主义方法的精华和它与生成语法相融的两个特征结合成一体。具体地说，首先，Katz 接受了 Chomsky 关于语言分析应该严格形式化的要求；Katz 模型中的成分分析法同时也循用了乔姆斯基主义对算法形式化要求所不可或缺的描述分析法和形式工具。其次，Katz 语义学承继了乔氏的心理自我概念（mental self-conception），把语义学的主题定义为语言使用者解释句子成分的分析能力，这使得语义学也因其解释的充分性在生成语法理论中得到关注。

此外，Katz 语义学还把结构主义语义理论基础中的三种语义关系融为一体：一是根据词汇场理论（lexical field theory）形成的纵聚合相似关系出现在 Katz 和 Fodor 的成分分析法中；二是词与词之间的搭配即横组合关系决定了选择性限制（selectional restrictions）；三是受 Lyons（1963）的影响，Katz 明确指出语义理论应当关注同义、反义和上下义等语义关系。

词汇语义学在这个阶段形成了两股发展势头：一是对形式化的要求降低了赞成用逻辑方法分析意义的结构主义的影响，二是采取 Katz 的心理主义立场。这一立场的必然结果是将语义学研究引导到心理学以及认知学领域中来。

4. 认知语义学（20 世纪 80 年代至今）

认知语义学主要从以下几个方面促使词汇意义研究产生概念上的突破（Geeraerts，2002）：

（1）Rosch 从心理语言学视角出发，把范畴结构的原型理论看作自然语言范畴内在结构模型的基础。Wierzbicka 和 Geeraerts 则分别从宏观和微观角度考察了原型理论在词典学中的应用价值及其意义。后文将对后者作详细阐述。

（2）Lakoff 和 Tohnson（1980）之后产生的新一轮对隐喻的兴趣引发起一股对新的认知模型及其经验背景的认识论角色的研究热潮。概念隐喻作为同一个源出域和目标域内相关的隐喻表达法，被定义为超出个体词语边界的隐喻概念。这种研究进一步激发了对一般的语义结构和具体的转喻的探索。

（3）Fillmore 的场景—框架语义学方法是基于这样的假设：人类的概念构成不是独立的，而是可以组成更大的内在结构整体。这些由人们的信仰、行为、经历或想象所组成的大型知识块叫做"场景"。"框架"则是"场景"在语言学中的代名词。框架理论不论是从理论上还是词典实践上对描述词语意义都是一个激动人心的创新。

在框架语义学的研究范畴内，词语代表了经验的范畴化，其中每个范畴都是基于知识和经验背景的激活情境。框架语义学对于词语意义的研究方式是：试图理解一个言语社团何以创建一个范畴并以词语来表达它；同时通过呈现和澄清原因来解释这个词语的意义（Fillmore，1982）。

（4）基本层假想（basic level hypothesis）是民族语言学（ethnolinguistics）里的一个概念，认为生物领域的朴素分类和普遍构造原则相符。朴素生物分类包含五六个层次，其中类层次是所有朴素生物范畴的核心，因此被称为基本层。基本层体现了一套命名优先原则：给定一个指代物，该分类所提供的各种选择中最可能中选的往往是基本层的名称。

以上各流派之间的关系并非互相割裂的，而是相辅相成、互相交织的。四者的关系可用一个流程图来表示（见图1）。

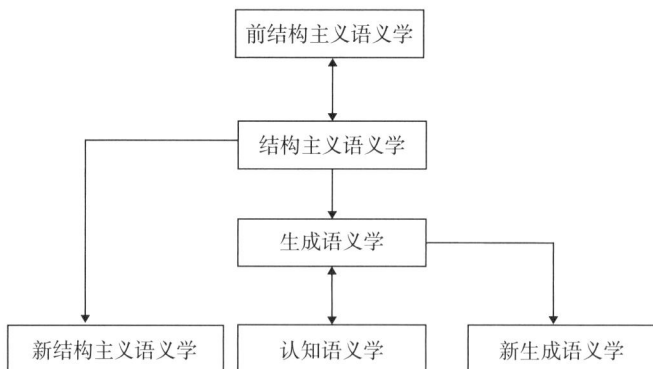

图1　词汇语义学发展史流程图（Geeraerts，2002：7）

三、各流派词汇语义学对英语词典宏观结构的影响

词典学家都必须回答"哪些词语应当收入词典？"和"应当给出所选词语的哪些信息？"这两个问题（Geeraerts，1990）。其中，前者涉及词典的宏观结构，后者则探讨词典的微观结构。所谓宏观结构，是指"词典中按一定方式编排的词目总体"（黄建华，1987：49）。这里的"按一定方式编排"，可根据词典编写目的和读者对象的不同分为按字母顺序编排和按系统结构（尤其是范畴化结构）编排两种。而对于词目总体的处理则包括词目的选取和编排。

各个时期的词汇语义学相应地为其时英语词典在词目的选取和编排等方面提供了一定的理论依据。从宏观来看，词汇语义学提供了适时的词典类型的划分标准和理论依据：

（1）前结构主义时代的历时语义学为《牛津英语词典》（以下简称 OED）的编写提供了直接的理论依据。早期的 OED 书名都直接带有"按历史原则"（on historical principles）字样，明确指出该词典的编写原则是追溯词源、查考历史词汇的语文词典。

（2）结构主义语义学所强调的词语间的上下义关系、同义关系和反义关系等则为其时各类词典的分类、词目选取等提供了直接的依据。其中，根据词语的上下义关系派生出各种普通分类词典（如《牛津 - 杜登英汉图解词典》）、各学科专门词典或分类词典（生物学词典）、百科词典等。由索绪尔提出并由 Katz 等发展的词语间横组合关系派生出的搭配词典和成语词典，为同义词词典及词库（thesaurus）的编写提供了充分的理论依据。

（3）Katz 从生成语义学角度提出的词汇场理论形成的纵聚合相似关系出现在 Katz 和 Fodor 的成分分析法中。另外，生成语义学的发展也意味着意义研究从词语层面到句子层面的推进。对于词典而言，强调句法结构的《牛津高级英语学习词典》有意无意地为生成语义学进入词典开了先河。另一方面，Pustejovsky（1995）强调建立真正具有生成意义的词库（lexicon）的必要性。这个词库不仅要罗列词语的各个义项，还要将现有意义派生新含义的可能性也涵盖在内。据此，认知框架内的心理词库基本上呼之欲出。

（4）现代认知语义学理论中的原型范畴理论、隐喻理论和框架语义学理论，对于解释以往词典尤其是词库的编纂实践、如今正在进行的 FrameNet 以及今后词典的发展走势可以说都起着举足轻重的作用。加上与计算机科学的有机结合，词典界如虎添翼，派生出了一批又一批的电子词典。电子词典经历了平面编排和立体编排两个发展阶段。"平面编排"是笔者杜撰来用以表达直接将原先的纸质词典转化成

电子产品的做法，如文曲星等；而立体编排是指基于认知语义学研究结果而开发的动态在线词典的编纂方法，如 WordNet 和 FrameNet 等。

四、各流派词汇语义学对英语词典微观结构的影响

从 Samuel Johnson 传统开始，到根据历时语义学对词语变更的研究结果将词条释义按出现的时间先后进行编排，典型的如 OED，到 COBUILD 提供完整的句子定义以充分显示功能语义学的功用；从 Wierzbicka 和 Geeraerts 利用原型语义学（prototype semantics）从各自不同的角度完善词条尤其是多义词的释义，直至如今以 Fillmore 为领军人物的 Berkeley 语言学系一批学人基于认知语义学尤其是框架语义学理论编制动态的 FrameNet。词典释义可谓经历了天翻地覆的变化，而其变化显然和语义学是相依相伴的。这是因为词语的一词多义既然是语言发展的结果，就必然反映了意义变更的过程。

词典的微观结构是指词典词条中对所提供信息的安排（Bergenholds，1995：15）。词典微观结构的关键问题是多义词的释义问题，其中又涉及多义词释义的选择和编排问题。以下分析各流派词汇语义学对英语词典微观结构的影响。

1. OED 传统

尽管 Johnson 的《英语词典》（1850）出现在 Geeraerts 所定义的前结构主义之前，可是 Johnson 的编排方式显然与历时语义学的理论相吻合。该词典的题目实际上就已经将其编写原则和内容表述得一目了然：《英语词典：其中的词语取自原出处，例句均取自最佳作者；词典前页附有语言史及英语语法》。

2. 结构主义语义学视角下的词典释义

结构主义语义学时代同时也是词典最为欣欣向荣的时代。这是由于结构主义关于词语的同义、反义、上下义等关系的描述为词典释义找到了简便而有效的出路。比如，利用词语间的同义关系对词条进行释义早已成为一般词典的重要手段；同义关系在学习词典中使用往往更加有效。

基于人的范畴化认知能力对事物相似性的认识和对语言模糊性的认识，以及结构主义关于词语纵聚合关系的论述，归并同义词、近义词乃至反义词的词库也应运而生。词库中包含两大关系：一是微观层面的，指术语之间的语义联系，包括等值、等级和相关等三种基本关系；另一种是宏观层面的，涉及同义词、上义词和下义词以及相关术语的范畴，术语间关系以及和整个领域之间的联系（Aitchison *et al.*，1987：35-50）。

3. 生成语义学视角下的词典释义

生成语义学是研究句子结构如何部分地取决于其所表达的意义。它主张语义

表现形式是生成性的（吴刚，2006：97）。Katz 和 Fodor 成分分析法为微观结构中的词典释义提供了一定的理论依据。此外，他们（1963）关于选择性限制概念的论述是充分、合理的。这就是，选择性限制的实现或违背取决于语法的语义成分而不是基本成分；同时，该概念将选择看成一个词项和整个句子成分之间（比如动词和作主语的整个名词短语之间）的行为而不是两个词项之间的行为（McCawley，1968：132-133）。因此，词典中一个词项的词条就必须明确给出所有必需的语义信息，以描述其确切含义，并指出该词项是哪种转换规则的例外（McCawley，1968：136）。McCawley 用下例分析动词或形容词的选择性限制是否对作主语或宾语的整个名词短语进行限制的问题：

    a. *My buxom neighbor is the father of two.

    b. *My sister is the father of two.

    c. My neighbor is the father of two.

    如果说句 a、b 都违背了选择性限制的话，句 a 和名词中心词没有任何关系，这是因为句 c 不存在选择性违背（selectional violation）的问题。此外，没有任何一个动词能够在排除一个词项成为主语中心词的同时却允许主语是一个将中心词和修饰语所含的相同语义信息分开的名词短语。比如任何一个不与 a bachelor 连用的动词都不可能用 an unmarried man 作主语。这就是说，要判断一个句子成分遵循还是违背某一选择性限制，就必须考察整个句子成分而不是单个"中心"词项（McCawley，1968：133-134）。又如：

    d. They named their son John.

    e. *They named their son that boy.

    f. They named their son something outlandish.

    乍一看，句 d 中宾语补语的选择性限制为 [+ 专有名词]，因此可推断句 e 是不合适的。可是，句 f 又是可接受的。可见，根据句 d 得出的结论是不准确的，其中心词指代的是名称而不是专有名词。

    McCawley 的另一个例子是 count 的搭配。一般认为，count 必须与复数名词搭配，因此：

    g. I counted the boys.

    h. * I counted the boy.

可是，显然句 i 也是合适的：

      i. I counted the crowd.

因此，准确的说法是"count 必须与表示一组事物的名词"搭配。

McCawley 关于选择性限制的论述对于搭配词典中词条的选取以及普通词典尤其是学习词典的选例具有重要的指导作用。

如前文所述，Katz 将结构主义语义理论基础中的纵聚合关系、横组合关系以及同义、反义和上下义等语义关系融为一体，再加上 Katz 的心理主义立场，这自然就把词汇语义学的研究引导到认知学领域中来。

4. 认知语义学背景下的词典释义

由于多义词是"对历时语义变化的共时反映"（Geeraerts，1997：6），认知语义学很自然地也进入了意义变更的研究领域。在认知语义学背景下，词典释义和原型语义学有着不可分割的联系。

Wierzbicka（1985）提出的语义分析法试图以其对自然语言概念详尽、深入的原型分析代替传统的词典释义；其关注的是词典微观结构的编排问题。她认为，词典关注的不应是"表义结构"（denotational structure），而是概念结构，不是"表义条件"，而是意义（1985：16）；人给自身创造的事物命名应当包括范畴、目的、材料、形状、大小等图式结构（Wierzbicka，1985：53）。Geeraerts（1985，1987）认为多义词的原型模式是任何一种试图将可能收入词典类参考书的各种语义信息进行归类的理论中不可或缺的一个方面。其目的在于重构微观结构选择的理论背景。Geeraerts（1990）认为，Wierzbicka 关于把词语的所有百科信息囊括到词典定义中的主张是一种理想主义态度，因为这忽略了语义学理论和词典学实践之间的区别，那就是从理论上看来是最佳的释义方法，从实际词典编纂的角度来看却未必如此。忽视这一问题的结果是 Wierzbicka 明确地把分析局限在居于自然语言范畴中心的原型概念上。

五、认知语义学与英语词典多义词释义

Geeraerts 对原型语义学在释义的微观选取方面的作用进行探索以后，又基于之前的研究结果详细探讨了认知语义学理论的发展对词典学可能产生的影响（2001：6-21）。

认知语义学对词语研究的影响直接导致近 20 年来一度被冷落的词汇学的复苏。可是认知语义学和词典的关系如何呢？ Geeraerts（2001）认为，认知语义学理论使得词典定义多义词这一实践不能不考虑以下三个问题：

（1）词汇结构原型效应的重要性。对于词义原型性的认识导致一度为词典学家们所纷争的语义信息和百科信息之间的差异变得模糊。这并不意味着作为参考书的词典和百科词典之间不再有区别，而是意味着读者也应当很自然地希冀从词典中查找到事物的典型例子和典型特征。

（2）多义词的难以驾驭性。这是因为目前不具有一套连贯的标准确定词的多义性。一种比较宽泛的说法是各词义之间的差异在某种程度上说来是一种灵活的、取决于上下文的现象。那么，词典的任务就是要利用各种定义方法将其意义的灵活性涵盖其中（Geeraerts，2001）。

（3）多义词的结构实质。这里涉及的主要是多义词的幅射式结构（radial set structure）。尽管词典从未否认多义词各义项之间的关联，认知语义学则扩大了其视野：多义结构的群体性（clustered nature）得到了更加详尽的分析（2001）。

Geeraerts 的例子是 fruit。fruit 作为一个多义词，除了"水果"这一基本义外，还有众多与该词相关的意义。生物意义上的 fruit，即 "the seed-bearing part of a plant or tree" 这一释义也适用于"水果"以外的物体，如橡树果和豌豆。在 fruit of nature 中，fruit 指代所有生长出的可供人们食用的东西（包括谷物和蔬菜）。此外，fruit 还有比喻义，包括抽象的"行为结果"，如 the fruits of his labor 和 his work bore fruit；还有过时的用法，表示"后代、后裔"，如圣经中的 the fruit of the womb 和 the fruit of his loins。这些都可看作 fruit 的一个独立含义，同时又将所有含义看作现实世界的一个集合体。

根据认知语言学的观点，语义研究是不可能游离于语言的其他层面之外独立进行的。这一观点始于完形理论，认为对感知而言，整体并非等于而是大于局部之和；框架语义学正是基于该理论将词汇语义学推进到概念系统中的。

六、结语：传统与现代的碰撞

如 Geeraerts（2002）所言，认知语义学方法在很大程度上是对于历时语义学前结构主义问题和兴趣的一种回归。一方面，历时语义学将词汇语义学发展过程中的前结构主义阶段的大量历时性研究联系起来了；另一方面，认知语义学和传统的历时语义学很大程度上都在研究意义的心理概念。此外，两种方法都是从百科概念出发，认为词汇意义不是一个独立自主的现象，而是与语言使用者本人以及其文化、社会和历史经验息息相关。

一般的英语语言词典，尤其是学习词典，在沿袭长期以来为读者考虑的方便性以及普遍利用结构主义语义学的词语间关系进行释义的传统的同时，开始更多地提供符合人类语言认知规律的信息，如 Longman 提供的"用法注释"，COBUILD 在附加栏里提供的语用信息，MacMillan 中提供的用法解释、辨析、搭配、其他表达方式、谈论或描写、隐喻用法、替换词、词源等信息。

词库的光辉典范《罗瑞类义词典》（*Roget's Thesaurus*）是以主题为线索编写的。该词典的编纂原则首先遵循人的认知方式，即主题、概念、域和框架；其次根据词的上下义关系分出若干子概念，同属一个子概念的事物则以同义词集合的方式进行编排。如今词库由于前述的各种特点以及认知语义学的研究结果而正在成为新一代认知框架词典的新宠。

Christian Kay 基于她对历时语义学的研究（2000）主编的《英语历史词库》（*Historical Thesaurus of English*）将从有文字记载以来至今的所有英语词汇按照语义和时间顺序编写，分成三大范畴：①外部世界，②心理，③社会，并细分为若干语义场，如食物、疾病、耕种等。各部分的词目（headings）描述小的语义场，如烹饪。词头下设小词头，包括更小的组群，如烤、煎、煮。小词目内的资料按照用法在历史中出现的先后顺序进行编排。该书旨在为学者提供从古至今有书面记载以来的英语词汇的所有情况。该书以《新牛津英语词典》（1989）所体现的语义信息和时间顺序为线索，并补充了伦敦国王学院 Jane Roberts 教授编写的古英语材料。材料按照语义范畴进行分类，如战争、食物、情绪，每个词在各个范畴的意义等级中都有自己的位置。等级从笼统到细微以数字标明等级。主要范畴用大写字母，次范畴用小写字母。这一编纂实践是一种有意将现代与传统进行碰撞并糅合所做的尝试，这无疑进一步拓展了大数据时代编纂数字词典的空间。

参考文献：

［1］Aitchison, J. & A. Gilchrist, 1987. Thesaurus Construction: A Practical Manual (2nd ed.)[M]. London: Aslib.

［2］Bergerholds, H. & T. Svan, 1995. Manual of Specialized Lexicography [M]. John Benjamins Publishing Company.

［3］Cruse, A., 2000. Meaning in Language [M]. Oxford: Oxford University Press.

［4］Fillmore, C. J., 1982. Frame semantics [A]. In The Linguistic Society of Korea (ed.), Linguistics in the Morning Calm [C]. Seoul: Hanshin Publishing Co. 111-137.

［5］Firth, J. R., 1957. Papers in Linguistics 1934-1951 [M]. London: Oxford University Press.

［6］Geeraerts, D., 1987. Types of semantic information in dictionaries[A]. In Robert Ilson (ed.), A Spectrum of Lexicography[C]. Amsterdam/Philadelphia: John Benjamins. 1-10.

［7］Geeraerts, D., 1990. The lexicographical treatment of prototypical polysemy[A]. In S. L. Tsohatzidis (ed.). Meanings and Prototypes: Studies in Linguistic Categorization[C]. London: Rougledge. 195-210.

［8］Geeraerts, D., 1997. Diachronic Prototype Semantics: a Contribution to Historical Lexicology [M]. Oxford University Press.

［9］ Geeraerts, D., 2001. The definitional practice of dictionaries and the cognitive semantic conception of polysemy [J]. Lexicographica, 17: 6-21.

［10］ Geeraerts, D., 2002. The theoretical and descriptive development of lexical semantics[A]. In Leira Behrens and Dietmar Zaefferer (eds.), The Lexicon in Focus: Competition and convergence in current lexicology[C]. Frankfurt am Main/New York: P. Lang. 23-42.

［11］ Halliday, M. A. K. & R. Hasan, 1976. Cohesion in English [M]. London: Longman.

［12］ Tissari, H., 2000. Five hundred years of Love: a prototype-semantic analysis [A]. In J. Coleman & Christian J. Kay (eds.), Lexicology, Semantics and Lexicography [C]. Amsterdam/Philadelphia: John Benjamins Publishing Company.

［13］ Katz, J. J., 1972. Semantic Theory[M]. New York: Harper and Row.

［14］ Katz, J. J. & J. A. Fodor, 1963. The structure of a semantic theory[J]. Language, 39(2): 170-210.

［15］ Kay, C. J., 2000. Historical semantics and historical lexicography: will the twain ever meet? [A]. In Julie Coleman & Christian J. Kay (eds.), Lexicology, Semantics and Lexicography[C]. Amsterdam/ Philadelphia: John Benjamins Publishing Company.

［16］ Lyons, J., 1963. Structural Semantics [M]. Oxford: Blackwell.

［17］ McCawley, J., 1968. The role of semantics in a grammar [A]. In E. Bach & R. T. Harms (eds.), Universals in Linguistic Theory[C]. New York: Rinehart and Winston.

［18］ Melçuk, I., 1988. Semantic description of lexical units in an explanatory combinatorial dictionary: basic principles and heuristic criteria[J]. International Journal of Lexicography, 1(3): 165-188.

［19］ Melçuk, I., 1996. Lexical functions: a tool for the description of lexical relations in a lexicon[A]. In L. Wanner (ed.), Lexical Functions in Lexicography and Natural Language Processing [C]. Amsterdam: John Benjamins Publishing Company. 37-102.

［20］ Moon, R., 1998. Fixed Expressions and Idioms in English: A Corpus-based Approach [M]. Oxford: Oxford University Press.

［21］ Pustejovsky, J., 1995. The Generative Lexicon: A Theory of Computational Lexical Semantics [M]. Cambridge, MA: MIT Press.

［22］ Sinclair, J., 1987. Looking up[M]. London and Glasgow: Collins.

［23］ Wierzbicka, A., 1985. Lexiography and Conceptual Analysis[M]. Ann Arbor: Karoma.

［24］ 黄建华, 1987. 词典论 [M]. 上海：上海辞书出版社.

［25］ 吴刚, 2006. 生成语法研究 [M]. 上海：上海外语教育出版社.

第二部分
语言经济学研究

1992 年从厦大外文系硕士毕业后，笔者阴差阳错地来到经济学院就职从事大学英语教学。虽然同是大学英语，但是其课程设置与外语教学部的体系不同，经院其时已经主动出击与国际接轨。除了传统经济学科以外，还增设了国际金融、国际会计与国际经济合作专业，并为这些专业学生开设了大学英语课程的小灶，特点是小班教学（不到 30 人），课时量大（每周八节英语课）。笔者有幸迎来当时财金系国际金融专业的首届开山弟子。与一群高智商的经济学子在一起，在倍感压力的同时，也逼着我努力靠近。在教学中有意识地从单纯的语言知识跳将出来，并潜心于琢磨如何让师生在英语教学中的投入产出比更加成比例。

后来由于国际化成为常态，其时的系领导认为专设"国字头"专业变得不再必要，于是在 1998 年由教务处出台了所谓"归口管理"政策，把承担英语、数学、计算机等公共课教学的老师归口到各自相关方向的所在学院。但机缘巧合，笔者与经院并"没有完"，在离开三年后投师于张馨教授门下，正儿八经地攻读起了在职财政学（又称公共经济学）博士。探究英语教育高投入与低产出问题的愿望也因为攻读了公共经济学博士而愈加强烈。博士毕业后随即聚焦于语言经济学相关书籍和文献的阅读。约莫半年之后一气呵成写成了教育部人文社科一般项目申报书"语言经济学与中国英语教育"，在 2006 年 8 月出国访学之前投递给社科处，之后就几乎忘了这事。

不曾想，到了年底，在一个独自一人在异国他乡、度日如年、倍感孤独的夜晚收到了来自另一位访问学者的 QQ 留言，恭喜我中了大奖。高兴了一夜之后便是整整三年的苦熬，熬出了以下或深或浅、大小不一的几道菜，供读者诸君品尝。

本研究的总体思路是把英语教育看作生产要素，因为英语教育同样是一项涉及成本和收益的经济活动，需要考虑投入与产出是否匹配。这组文章主要用成本—收益分析法考察了中国英语教育以及英语作为通用语的评估标准，还通过阅读并评述张卫国关于语言经济学研究的专著梳理了语言经济学的整体脉络和未来应有走势。

语言经济学视角下的中国英语教育成本——收益分析 *

一、引言

随着全球化进程的加快,英语作为人力资本的一个重要因素成为我国人才建设中一种必不可少的工具;而随着经济和社会的变迁,传统的英语教育模式也日益变得难以适应经济和社会发展的需要。因此,我国英语教育改革的呼声一浪高过一浪。从 2004 年谢克昌院士在两会期间对我国现行英语教育体制提出种种质疑,到民众要求取消职称外语考试的呼声之愈演愈烈,再到今年 ① 政协委员王新陆提交提案建议高考不考英语;从社会各界对国内外现行的各种英语水平测试的批评,到我国 2007 年相继将大学英语四六级考试从全社会行为回归为在校大学生非强制的英语水平测试,和教育部办公厅全面叫停中小学生参加全国英语等级考试(PETS)。这里提出的一个共同问题就是,我国的英语教育在多大程度上是值得的?

对我国现行英语教育模式进行全方位考察是回答上述问题的重要前提。作为人类经济活动中不可缺少的工具,语言和其他技巧一样,是个人和社会通过投资能够获利的经济资源,因此它具有与其他资源一样的经济特性,即价值、效用、成本和收益。语言的这一特性为我们的研究提供了理论上的支持,这就是语言经济学。它从经济学角度出发,就语言对社会经济发展的影响进行深入的实证分析。

语言经济学的这一研究取向揭示出我国英语教育投入的真谛:一方面作为个人获取经济资源的一种工具或技巧,获利者必然有个人投资倾向,此时语言可以看作是个人产品;另一方面,语言具有提升人们社会和经济地位的功能,作为世界通用语的英语的教育无疑是提升社会整体素质的必要因素,因此英语教育又是一种公共产品。英语教育的这种混合产品性质解释了目前英语教育改革所面临的种种困难存在的原因。对于"英语教育在多大程度上是值得的"这一问题的回答,也应当从这两方面入手。

全球化必然导致的社会经济同质性趋势要求我国在方方面面和国际接轨,这就对全民文化素养和英语语言技能的提高提出了需要和可能。固然,我国自改革开放

---

* 本文是教育部人文社科规划项目"语言经济学与中国英语教育"(项目批准号:06JA790095)的阶段性成果;本文在写作过程中得到张馨教授的悉心指导和帮助。在此一并致谢。

① 即 2009 年。——编者注

以来掀起的"英语热"是为适应经济全球化和国际社会正在变成地球村的需要；可是，我国不论公共部门还是私人部门，都有意无意地把英语定位成选拔人才乃至普通劳动者的最重要指标，使得英语成为一些人眼中的"毒瘤"："我国目前的人才培养和选拔制度中，不论是搞中医、中药、古汉语、二十四史的，还是做教师、工程师、技术员、编辑、记者、搞企管的、做内贸的，一概不论专业能力，也不论能在多大程度上提高未来工作业绩，凡晋职、评职称、升中学、上大学、考研、攻博等等，英语都是一块最重要的敲门砖。"[①]

本文拟在语言经济学视角下考察我国英语教育的公共投资和个人投资，即把语言看作人类经济活动中不可缺少的工具，探讨英语作为政府和个人通过投资获利的经济资源的特性，并对英语教育活动进行成本—收益分析，从而建构一个试探性的最佳投资模型。

二、我国英语教育的成本—收益分析

（一）社会经济成本

在我国，由于大中小学英语教学大纲的"一条龙"尚未形成，英语教育目前存在严重的重复投资、浪费投资问题。一方面，政府投资的各级各类学校为英语教育投入了大量人力物力，另一方面，民间举办的各类英语培训学校或中心成为欣欣向荣的大市场。政府和私人投资的力度用"疯狂英语"来形容毫不为过。我们可以把这一切投入都归入社会经济成本的范畴，即包括"政府为英语教育承担的公共开支，所有个人学习者所承担的教育费用，由于过度教育和教育结构不合理产生的教育资源浪费，以及将资源投入外语教育所产生的社会机会成本"（梁小民，2005：136-137）。

1. 公共投资

我国政府对英语教育的投入可从以下几方面来考察：

（1）教师工资

我国的公共财政承担着国民教育体系所覆盖的所有大中小学英语教师的薪资。由于没有现成的资料提供国民教育体系下各级学校英语教师的总数，我们根据2007年国民教育在校学生总数以及目前通行的各类英语教师人均承担的教学工作量，计算出英语教师总量，并采用全国教育行业各级教师的平均工资对公共财政2007年所承担的英语教师薪资总量进行测算（见表1），以管窥公共财政对英语教育投入的全貌。

---

① 见 http://www.china.org.cn/chinese/HIAW/982441.htm，2005年9月27日。

（2）政府对英语师资的投入

除了专门的外国语大学外，我国所有综合性普通高等院校也都设有外语学院或英语系，培养出大批层次不一的大中小学英语教师。近年来，为配合落实小学开设英语课程政策，教育部还要求各地加强师范院校英语教育专业的建设。

此外，全国各地大中小学近几年均定期公派教师到国外接受短期（1～3个月）或长期（6～12个月）培训。比如，国家留学基金委2005年启动"西部地区人才培养特别项目"，其子项目"中学骨干英语教师出国研修项目"每年派出2期，每期35人，留学期限为3个月，人均所需经费约为72126元。除了国家留学基金委每年的全额资助项目外，从2005年开始，基金委还与全国28所高等院校合作启动"青年骨干教师出国研修项目"（1:1资助），其中派出到一类国家的人均资助总额为13万元。2007年派出的人文社科人员占总数的16%。尽管笔者无法收集到所有项目中确切的英语教师数目，但这并不影响本文得出的结论。从笔者所在学校和所了解的兄弟院校来看，尽管早年我国的出国留学政策对理工类学科明显倾斜，近年来不论全额还是1:1资助的出国研修项目，大学英语教师的比例都比往年大大提高。

表1　2007年国民教育体系下英语教育的政府投资一览表

学生类别	当年英语在学人数（万人）	英语教师数（万人）	教师平均工资（万元）	英语教师工资总额（亿元）	财政性教育经费（亿元）①
研究生	11.1	10.7	4.0	42.8	126
本专科	173.9				
普通高中	2389.1	25.9	2.6	67.34	66.9
初　中	5763.8	57.6	2.6	149.76	129.1
小　学②	6884.2	68.8	2.3	158.24	199
合　计				418.14	521

资料来源：根据《中国统计年鉴》（2008）；http://www.moe.edu.cn/

说明：（1）高校英语教师数引自教育部门户网站的教育统计；中小学教师没有现成的统计数据，是按师生比1:100的教学工作量计算得出的。

① 从财政部有关工作人员处了解的情况来看，我国国家财政性教育经费项目下没有列出英语教育单项投资的数据。美国的财政预算和决算均包括完整的关于教育投资中设备、督察、行政管理费用的细目。以Zeldner（1966:277）提供的一组数据为例，在美国1958年颁布《国防教育法》6年之后，教育办公室总共支付各州的设备费、材料费和更新费用（minor remodeling）为2.236亿美元，督察和行政管理费为1310万美元，州或地方根据要求再以等额资金配套。这其中18%是用于外语教育的。这些数字在我国的政府预决算文件中都找不到。

② 据调查，2008年以前，厦门许多小学从一年级开始设英语，每周4课时；从2008年开始，许多小学推迟到三年级，并将周课时缩减为2课时。这一改革的主要原因是考虑到目前我国的小学师资无法满足让学生在起点就能接触标准英语的现实。应该说，这一改革是英语教育趋于理性的一个风向标。

（3）政府对英语教育的其他投资

这类投资包括政府为创造英语学习环境以催生民众学英语热情的投入，包括政府机构举办的各类英语演讲比赛、辩论赛、作文比赛等；另外，为保证 2008 年北京奥运会和 2010 年上海世界博览会顺利举办，政府敦促两市几乎所有的市民学习日常英语。这类投入可从政府对各类市民举办英语培训班以及各类媒体的英语教育节目和内容的制作、播报、出版等投入中计算得出。

2. 私人投资

私人部门的英语教育投资包括个体学习者的时间、经济投入和公司部门在英语培训方面的投入。与前述公共投资相对应的是，个人投资包括个人从小学直到博士生阶段的所有英语教育以及各类考试所投入的时间和金钱；而公司部门的投资则包括公司对员工进行内部和外部培训的投资。

（1）个人投资

（i）时间投入

在我国，英语教育基本上贯穿了整个全民教育系统。完整地培养一名博士研究生所花费的英语学习时间总量为：小学 4～6 年＋中学 6 年＋大学 4 年（2 年基础英语；2 年高级英语或专业双语课）＋硕士 1 年（高级英语）＋博士 1 年（高级英语）＝16～18 年。据笔者长期以来的调查，在学学生课后花在英语上的时间通常为课堂时间的 2 倍；另据测算，英语学习所占用的时间至少占学生总学习时间的三分之一。这意味着，成长为一名博士生，纯粹花在英语上的时间就将近 6 年！这还没有把他本可以用于专业学习和研究的时间作为机会成本计算在内。

相比而言，西方国家 20 世纪 60 年代开设基础外语的时间要短得多：德国 9 年，奥地利、墨西哥 8 年，法国、西班牙和葡萄牙 7 年，丹麦、希腊、日本 6 年，荷兰、英国 5 年，巴西、芬兰、意大利 4 年，阿根廷 3 年（Zeldner, 1966：277）。美国的教育体系把外语的基础教育作为选修课设在初中至高中阶段，通常仅为 2～4 年，[①] 而在大学通常开设跨课程语言学习（languages across the curriculum）。近年来随着经济格局的转向，美国外语教育规划也已经改变。20 世纪 90 年代，美国提出外语学习的 5C 标准[②]，即交流（communication）、文化（cultures）、连通（connections）、比较（comparisons）和社区（communities），认为外语学习不能仅限于听说（交流），而且还应能融会贯通于目的语国家的文化以及专业课程，并能在课堂内外自如地运用。

（ii）个体学习者参加课外英语学习的经济投入

据不完全统计，目前我国的英语培训机构已经有 3000 多家，英语教育的年产值高达数百亿元人民币，为国民生产总值的百分之一，相当于中国一个较发达中等城

---

① 见 http://www.voanews.com/specialenglish/archive/2006-01/2006-01-18-voa1.cfm。

② 见 http://www.actfl.org/i4a/pages/index.cfm?pageid=3392。

市的年产值。① 各类补习学校为在校生提供课后跟踪补习,各类培训机构则主要针对各类考试,还有不少是针对实用英语(survival English)而设的。表2所列举的是2006年教育部组织的各类英语考试考生规模及其各类支出一览表。

表2　2006年我国各类考试考生规模及个人支出一览表

考试名称		考生人数	报考费(元)	培训费及资料费(元)
教育类	考研	127.5 万	150	标准不一, 3200～5000 不等①
	高考	9498374	标准不一, 福建 105	标准不一, 500 左右
	成考	2791537	标准不一, 福建 110	标准不一, 1000 左右
	四六级	12405076②	标准不一, 福建 40	标准不一, 800 左右
社会考试	PETS	981579	一、二级 94, 三级 119, 四级 124, 五级 145	标准不一, 1700 左右
	职称外语	100 万左右	标准不一, 福建 55	标准不一, 600 左右
	NAETI	3174	初级笔译 400, 初级口译 500, 中级笔译 600, 中级口译 700, 高级笔译和口译 1200	暂无
海外考试	TOEFL	80886	1370	标准不一, 新东方 1380～2380 不等
	IELTS	127793	1450	标准不一, 环球雅思 2350
	GRE	82999	1418	标准不一, 1280
	GMAT	5950	1348	标准不一, 1500
	BEC	58078	中级 450, 高级 540	标准不一, 1000～3000 不等
	剑桥少儿英语	27 万	标准不一, 安徽 120	标准不一, 上海 500

资料来源:考生人数引自《中国教育考试年鉴》(2007);培训费、资料费和报考费通过网络查询获得。另教育类考试因多有地区差异而难以做出统一的计算。

① 见 http://www.yuloo.com/ky/ky-zhxx/77859.html

② 作为对社会各界对大学英语四六级批评之声的回应,教育部规定从2006年开始CET4-6不再颁发证书,只给出成绩证明,并从2007年起不再向社会考生开放,而是作为衡量在校大学生的英语水平测试。目前有专家提出该考试应恢复到为社会考生开放,但尚未见官方对此做出回应。

（2）公司部门对英语教育的投资

这主要是指跨国公司和外向型企业对内部员工进行英语培训,包括内部培训和外部培训。内部培训是指跨国公司(如戴尔)和外向型企业(如福建炼油厂)对公司内部员工进行英语培训;外部培训是指由公司支付员工参加培训机构举办的英语

① 见 http://www.china.org.cn/chinese/HIAW/982441.htm, 2005 年 9 月 27 日。

培训所需费用。

（二）社会经济收益

前文分析了我国英语教育公共投资与个人投资的方式和结构，并与西方一些国家的外语教育投资做了比较。本节对英语教育的产出做一总括性描述。教育产出的计算一般分为直接产出和间接产出，英语教育也不例外。

1. 直接产出

从宏观来看，直接产出包括劳动者在"本国对外经济交往中因使用英语这一国际通用语所节约的交易成本，或由于语言沟通便利所创造的商业机会和贸易利益"（张忻，2008：417）。据 Hutchison（2002）计算，在非英语国家，每增加 10% 说英语的人口就意味着它的进口量将增加 1.7%，出口量增加 2.3%（2002：549）。据 2008 年 4 月 15 日在上海外国语大学举行的"第二届中国外语教学法国际研讨会"上透露出的讯息，我国目前学英语的人数达到 3 亿多，占总人口的将近 25%。按照 Hutchison 的比例计算，我国的进口量应增加 4.25%，出口量增加 6.85%。

从微观来看，英语教育的直接产出主要是指因使用英语而使个人收入提高的程度。Grin（2001）计算出，英语对瑞士收入水平的正面影响达到 12% ～ 13%。值得注意的是，英语在瑞士既非多数人的语言，也不是官方语言，说英语的人数不到总人口的 1%（2001：70）；也就是说，其国民英语水平所带来的收益可以看作英语作为国际性语言的指标。因此，Grin 的研究对我们研究英语对我国从业者收入的影响具有重要的借鉴意义。

在我国，大学英语四六级成为求职者必备的敲门砖，可是对绝大多数劳动者来说，其英语水平对收入的影响并不明显。但是在一些特定行业，英语流利程度确实能在相当大程度上影响员工收入。如一外贸验货员在网上晒出的收入和英语水平关系如下：

2000 ～ 3000 元　中文报告就可以；

3000 ～ 6000 元　要求用英文完成报告；

6000 ～ 8000 元　英文听写基本没问题；

8000 元以上　流利的英文听写，丰富的 QC（质检）经验。[①]

2. 间接产出

间接产出是指难以量化的社会收益和个人收益。从宏观来看，该产出包括由于使用英语加强国际间的文化、经济、商贸乃至民间交流而导致的国际声誉的提高、与

---

① 见 http://www.wtoqc.cn/bbs/index.php?fromuid=0。

外界进行文化交流及传播能力的加强(如孔子学院的蓬勃发展)、国民文化素养的提高、社会流动性增强等要素。从微观来看,间接收益包括个人因社会地位改变所形成的心理收益等。

综上所述,我们可以用流程图标示出我国英语教育的投入与产出情况(如图1)。

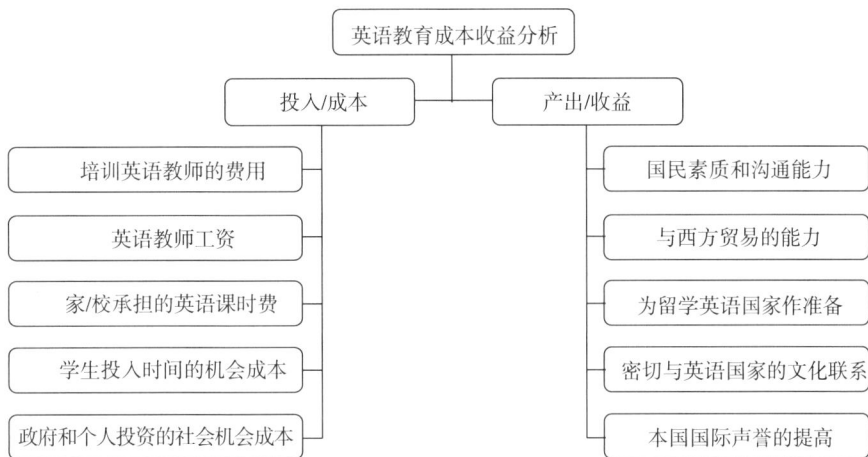

图1　英语教育的成本—收益分析

三、我国英语教育的最佳投资模型

在当代市场经济背景下,语言和货币变得一样重要,这是因为随着人力资源在生产要素中重要性的提高,沟通能力也变得更为重要,而沟通的基本手段无疑是语言。经济交往必然带来成本,尤其是在多语的社会背景下。要判断培养多语环境下的沟通能力(狭义即语言能力)是否值得,经济人就必须考虑其相对成本,这是因为某些语言(如英语)的成本有效性必然高于另一些语言(如少数民族语言或小语种)。作为经济资源,英语能力的培养可作为经济成本来评估,同时也意味着它可以通过直接投资来获得。这为分析英语教育的供给方式提供了现实基础。

前文指出,英语作为一种人力资本同时具有公共产品和个人产品的性质,因此我们可以把英语教育看作介于公共产品和个人产品之间的混合产品。基于前文的成本—收益分析和萨缪尔森关于公共产品的非排他性和非对抗性的定义,图2运用公共产品理论分析和描述英语使用于不同领域时各自的产品属性,并试探性地勾勒出一个我国英语教育的最佳投资模型。

客观地说,图2的分析在相当程度上只限于理论分析,因为人们一旦习得了英语能力,不论是政府部门还是私人部门都无法阻止其在各自不同的领域使用,也就是说,英语能力具有不可分割的特点。从本质上看,它其实是通过政府部门和私人部门投资而共同培养的人力资本。图中的分析旨在考察英语教育和受教育的不同目标，从而为英语教育投资提供一定的政策建议。比如人们如今对于大学英语教育和新东方培训机构的同在具有"既生瑜，何生亮"的感慨，一些大学英语教师也开始质疑自己的存在意义。如果考虑到英语作为一种通识教育课程和作为提高个人收入（如考取各类资格证书）的不同性质，这就可以为大学英语教师的自我定位，进而对于其教学目标和课程设置的改进提供一个比较明确的方向指南。

	非排他性	排他性
非对抗性	纯公共产品——通识教育，提高全民素养 （1）很高的排他成本； （2）直接由政府拨款的办学机构提供，如中小学提供的义务教育和教育部直属高校等的基础英语教育； （3）通过政府预算供给； （4）从税收中拨款	俱乐部产品——大众传播 （1）产品具有集体消费性质；但由于对该产品的消费会变得拥挤，在消费上排他是可行的； （2）由独立的企业或事业性质的单位提供，如电台、电视台、互联网的英语频道，互联网的英语网页等； （3）由市场供给或政府预算直接供给； （4）从销售收入中获得所需经费（如收取网络费用）或从政府税入中拨款
对抗性	混合产品——交流工具 （1）具有网络外部性； （2）由民办学校如独立学院等提供； （3）需教育部批准； （4）经费来源由举办方通过学费等方式筹集	纯个人产品——获取各类证书（工作的准入条件，提高个人收入） （1）排他成本低； （2）由私人或营利性机构提供，如新东方等； （3）由市场供给； （4）个人自付学费

图 2　中国英语教育最佳供给模型

四、我国英语教育的政策建议

基于以上分析，可以看出我国英语教育投资模式的改进意味着我国英语教育规划政策也应做出相应的改变。从最朴素的经济思想出发，我国的英语教育也应当追求"以最小的投入获得最大的产出"。据此，笔者提出以下几条建议：

1. 改变英语全民化的现状，转向英语教育的专业化，专门培养一批能够"及时全面地把世界最新信息转换成汉语广泛传播，并随时协助中国人与外国人沟通"[①]的人才。与其把大量的金钱投入购置全民学英语所需设备和仪器及昂贵的教辅资料，不如集中资源培养专业型英语人才，包括外派到英语国家学习一段时间，确保其能把国际先进水准的科技、文化等出版物翻译成中文并迅速传播。

2. 拆除政府部门主导或参与的各种类型的英语考试体系，打破由政府支撑的英语在我国保持强势地位的基本构架，由市场自行调节英语考试以及其他方面对英语

---

① 见 http://news.xinhuanet.com/comments/2007-05/14/content_ 6094352.htm。

的需求。

3. 把需要作为课程设置的重要依据，切忌一刀切。如果说美国当年的中学由于外语设成选修课所以能允许学生以 "I don't need it" 为由退出的话（Zeldner, 1996），我国直到博士研究生阶段还把英语作为必修课程则实在是捆绑学生手脚的无谓之举。

4. 为使投入产出平衡，在其他情况不变的条件下，减少时间和金钱的重复投资、浪费投资，同样能优化英语教育效果。减少时间的重复投资，就是要选择好学生接受外语教育的最佳时机。大量的调查数据证实，英语学习早龄化的益处其实是没有科学根据的，大多数早学英语的学生到初中毕业时就基本不再体现其优势。相反，如果能在小学阶段打好母语基础，把基础英语集中在中学 6 年学习，到了大学就可以很自然地直接进入双语学习阶段。这就需要决策者把目前覆盖整个大中小学过程的基础英语学习的这条"长龙"缩短，制订 6 年学好基础英语的"短龙"计划。

5. 政府应当把英语和其他小语种的教育投资列入财政预、决算的范畴。美国对外语教育投资和外语人才需求方面的精确预算和规划为我们指明了方向。Hammond（1981）在《华盛顿笔记》（Washington Notes）中对国会图书馆所需外语人才的数量和各个部门所需的外语技能都做了较详细的说明。如果我国政府部门和事业部门也能对各部门所需外语人才进行规划，并与教育部门的教育规划对接，同时把私人部门的需求留待市场调节，这就可以使外语教育走上一条方向明确的道路。在美国，外语教育是由《国防教育法案》规定执行的，主要是出于对国家安全和军事需要的考虑。暂且放下美国的霸权扩张思想不论，其对外语教育有的放矢的培养目标则无疑是我国英语教育规划中必须借鉴的。

参考文献：

[1] 梁小民, 2005. 寓言中的经济学 [M]. 北京：北京大学出版社 .

[2] 张忻, 2008. 语言的经济学与大学英语教育 [J] . 中南大学学报（社会科学版）, 14 (3): 416-419.

[3] Grin, F., 2001. English as Economic Value: Facts and Fallacies[J]. World English, 20(1): 65-78.

[4] Hammond, D. L., 1981. Washington notes: Foreign language careers at the Library of Congress[J]. The Modern Language Journal, 65(4): 387-392.

[5] Hutchinson, W. K., 2002. Does ease of communication increase trade? Commonality of language and bilateral trade[J]. Scottish Journal of Political Economy, 49(5): 544-556.

[6] Peterson, T., 2002. The importance of Being Multilingual[N]. Business Week online, Sept 4.

[7] Zeldner, M., 1966. The Foreign Language Dropouts[J]. The Modern Language Journal, 50(5): 275-280.

中国英语教育：语言经济学的视角 *

一、研究背景

全球化进程的加快使得英语越来越成为我国人力资本中一个很重要的因素，并进而成为我国人才建设一个必不可少的内容；而随着经济和社会的变迁，传统的英语教育模式也日益变得难以适应经济和社会发展的需要。同时，我国的英语教育投资目前也没有一个清晰的界定。一方面，学校教育在英语教学方面投入了大量的人力、物力；另一方面，英语教育市场已经成为中国的一大产业。投资的力度用"疯狂英语"来形容也毫不为过。因此，我国近年来英语教育改革的呼声一浪高过一浪。从 2004 年谢克昌院士在两会期间对我国现行英语教育体制提出种种质疑，到 2009 年王新陆委员联名其他委员提议取消英语历年来为高考必考科目的做法，提出应让学生有选考其他科目如古代汉语等的自由；从对国内外现行的各种英语水平测试的批评到我国 2007 年相继将大学英语四、六级考试从全社会行为回归为在校大学生的英语水平测试；从研究生复试到职称、职务评定的英语一贯制到目前民众要求取消职称外语考试的呼声愈演愈烈，以及 2009 年 3 月胡旭晟委员建议取消研究生入学考试英语复试线；从教育部办公厅全面叫停中小学生参加全国英语等级考试（PETS），到日前教育部提出议案供公众讨论，对作为技能型学科的中学英语的高考形式实行改革，学生可像参加托福考试一样一年多次报考，并取其中一次作为高考成绩——这里提出的共同问题就是：英语的价值体现在哪里？英语教育在多大程度上是值得的？以及如胡旭晟委员所提出的"如何学、学多少、多少人应该学"的问题。

对我国英语教育进行全方位的考察是回答上述问题的重要前提。作为人类经济活动中不可缺少的工具，语言和人的其他技能一样，是个人和社会通过投资能够获利的经济资源，因此它具有与其他资源一样的经济特性，如价值、效用、成本和收益。语言的这一特性为我们的研究提供了理论上的支持，这就是语言经济学。它从经济学角度出发，就语言对社会经济发展的影响进行深入的实证分析。

语言经济学的理论走向揭示出我国英语教育投入的真谛：一方面，作为个人获取经济资源的一种工具或技巧，获利者必然有个人投资倾向，此时语言可以看作是个人产品；另一方面，作为提升人的社会和经济地位的一种语言属性，作为通用语

---

* 本文为《中国英语教育：语言经济学的视角》（2010）一书的导论。

的英语的教育无疑又是提升社会整体素质的必要因素，因此英语教育又是一种公共产品。英语教育这种混合性质解释了目前我国英语教育的改革所面临的困难。同时要想回答前述问题即"英语教育在多大程度上是值得的"，也应当从这两方面入手。

全球化必然导致的社会经济同质性趋势要求我国在方方面面和国际接轨，这就对全民文化素养和英语语言技能的提高提出了需要和可能。固然，我国自改革开放以来掀起的"英语热"是为适应经济全球化和社会变成地球村的需要；可是，我国不论公共部门还是私人部门，都有意无意地把英语定位成选拔人才乃至普通劳动者的最重要的甚至是缺一不可的指标，使得英语成为了一些人眼中的"毒瘤"："我国目前的人才培养和选拔制度中，不论是搞中医、中药、古汉语、二十四史的，还是做教师、工程师、技术员、编辑、记者、搞企管的、做内贸的，一概不论专业能力，也不论能在多大程度上提高未来工作业绩，凡晋职、评职称、升中学、上大学、考研、攻博等等，英语都是一块最重要的敲门砖。"①

本书拟参照前人及同仁关于语言经济学的研究成果，从语言的经济学视角来考察我国英语教育的公共投资和个人投资，即把语言看作人类经济活动中不可缺少的工具，探讨英语作为政府和个人通过投资获利的经济资源的特性，对英语教育活动进行成本—收益分析，建立必要的模型来分别考察英语在我国各个社会层面的市场价值和非市场价值，构建出最佳的英语教育投入模型，并为我国的英语教育规划和改革提供一定的思路。

二、研究方法

经济学的研究方法不外乎实证分析法和规范分析法。用语言进行经济交往必然招致成本。经济人必须考虑的一个问题是，为了在多语环境下进行交往投资于某语言的学习是否值得，这其中作出决定的重要依据就是某语言（如英语）的成本有效性必然高于另一种语言（如少数民族语言）。经济学对于这类问题的研究通常采用的是成本—收益分析法。由于语言类产品和服务具有网络外部性等特点，英语教育的投入和产出除了显性成本和收益外，还包括诸多隐性成本和收益，而后者往往很难用量化指标进行评价；同时，语言作为一种特殊的人力资源要素，其效用具有一定程度上的可量化性和很大程度上的不可测度性。这些因素决定了我们对于中国英语教育的研究将同时采用实证分析和规范分析两种方法，以期获得关于我国英语教育投入和产出的一幅较完整的画面。

对于显性成本和收益，我们将选取几个典型的案例，设计调查问卷并获取如下

---

① 见 http://www.china.org.cn/chinese/HIAW/982441.htm，2005 年 9 月 27 日。

相关数据：（1）高校英语学习者对英语的时间和金钱投入及其收入预期；（2）在职英语学习者／使用者的投入（时间与金钱）及经济收入（预期收入水平或现实收入水平）；拟选定可类比的非英语学习者／使用者作为参照组；（3）移民华人（以美国加州伯克利市的抽样调查为例）英语学习者／使用者的投入（时间与金钱）及经济收入（预期收入水平或现实收入水平）；拟选定可类比的非英语学习者／使用者作为参照组；（4）国人对待英语的态度。本书尽管没有将以上调查所获取的数据一一呈现在文中，但不论是对我国英语教育进行成本—收益分析时还是提出教改思路及规划内容，调查中所获取的信息均已成为得出结论的现实依据。本书还将利用现有的语言经济学文献，论证并支持各项实证研究的结果，得出结论并提出相应的改革英语教育投资政策的思路。而对于我国英语教育的隐性成本和收益，本书也将对其进行描述和分析。

三、基本思路和篇章结构

1. 研究思路

本书拟利用语言经济学的研究成果，用经济学方法，分析中国英语教育中存在的问题，包括通过成本—收益分析考察目前我国英语教育投资形式；探讨目前课程设置、教学模式以及学习成效评价机制的利与弊，并为我国英语教育规划及政策制定提供一定的思路和方法。

首先，随着全球化进程的加快，英语作为我国人力资本中一个很重要的因素而成为我国人才建设中一种必不可少的工具。作为人力资源的要素，我国政府应当对该要素的培育注入多少资金？它是公共产品还是个人产品？如果是混合产品，政府与个人应当怎样分摊其教育成本？

其次，作为人力资本而投资的英语教育，应当如何避免重复教育和浪费教育等问题，从而以最小的投入取得最大的产出，以达到帕累托效率？这就需要从深层次探讨我国目前英语教育中课程设置所存在的问题，包括如何解决大中小学英语教育的"一条龙"问题，并考察目前教育部淡化大学英语四、六级考试后的大学英语教育目标管理和英语教育绩效评价机制问题。

此外，本书还将考察我国英语教育规划的不足之处，并提出一些改进我国今后英语教育规划的思路。

2. 篇章结构

本书共分为九章。其篇章结构和基本内容如下：

第一章导论即本章，勾勒出本书的研究背景、研究方法、主要研究思路和篇章结构、创新之处、尚待解决的问题，并提出做进一步研究的思路建议。

第二章拟对语言经济学的研究现状做详细的介绍和综述，对语言经济学进行定义，探讨语言经济学的地位、其研究对象和内容以及所采取的研究方法。

第三章拟深入考察语言的经济属性，从语言与经济的相关性出发，阐明 Grin（1999）关于语言的供给与需求理论和 Breton（1999）关于语言创造性与经济生活的关系，并分别从社会、公司和个人等各个层面探讨语言的价值所在。本章着重考察英语对于个人的价值，集中探讨英语作为一国公民的外语以及移民在移居国的优势语言与这些相关人群收入的相关性。

第四章由面到点，从语言经济学的视角考察语言在人类社会中的地位，阐明英语成为世界通用语的社会经济因素及其在人类社会生活中的作用，并着重分析英语对于我国社会生活的意义。

第五章将回顾我国现当代英语教育的概况、英语在我国当前社会、经济生活各个领域的使用范围，以及我国英语教育中存在的主要问题。

第六章拟在语言经济学视角下考察我国英语教育的公共投资和个人投资，即把语言看作人类经济活动中不可缺少的工具，探讨英语作为政府和个人通过投资获利的经济资源的特性，并对英语教育活动进行成本—收益分析，从而构建出一个最佳供给模型。本章拟解决的问题包括：作为人力资源的要素，我国公共部门和私人部门在英语教育中各自占据着怎样的位置？它是公共产品还是个人产品？如果是混合产品，政府与个人应如何分摊其教育成本？拟考察：（1）英语与个人收入的关系—英语教育的个人产品性质，并分别对高校英语学习者的投入（时间与金钱）及经济收入预期、在职英语学习/使用者的投入（时间与金钱）及经济收入（预期水平或现实水平）、移民华人英语学习/使用者的投入（时间与金钱）及经济收入（预期水平或现实水平）做了分析。尽管本书没有将数据处理的过程和结果直接呈现出来，但其得出的结果已经成为本文分析问题和提出解决思路的现实基础；（2）英语与社会经济发展的关系——英语教育的公共产品性质；（3）基于以下思路构建出英语教育作为混合产品的最佳供给模型：

> 左极：文化同质性趋势—全民文化素养的提高—公共产品—公共投资
> 　　　部分—正规教育内容
> 中间状态：两者融合—正规教育或开放式教育—公共投资和个人投资
> 　　　兼容部分
> 右极：沟通—工具—个人产品—个人投资部分—社会办学部分

最后针对我国英语教育的现存问题提出五条政策建议。

鉴于英语语言能力在我国社会、经济生活各个领域的作用，如何提高全社会的英语素质成为本书需要考虑的下一个问题。第七章开篇回答的就是"什么是英语能力"的问题，接着探讨英语水平的测度标准，考察现有的宏观和微观测度方法并对各种方法做出简要述评，提出英语作为世界通用语的测度标准，并详细分析影响语言水平的主要因素，包括 Chiswick（1995）的 3E 理论，即接触英语的程度（exposure）、二语习得的效率（efficiency）和经济动机（economic incentive）、语言态度以及语言距离等，以便为我国的英语教育规划提供一定的理论指导。

第八章拟根据语言经济学的研究成果，对语言规划的定义、性质、任务、规划模型等进行回顾和综述，考察外语选择的理论依据以及外语教育赖以进行的社会经济要素等，并拟对我国的英语教育规划做一回顾，从而提出我国英语教育规划的未来可能走势。

第九章集中考察高校英语教育，首先回顾了我国高校英语教育现状，指出大学基础英语课程、双语教育课程以及普遍采用的交际教学法所存在的问题。一一分析问题的成因，提出各自可能的解题思路，并将其归并成一个系统工程，从而提出切合学生实际水平和目前社会需求的大学英语教育转型的新取向。

四、本书创新和不足之处

目前我国语言经济学研究所处的尴尬局面在于，英语教育工作者难以用经济学分析法深入探讨英语教育中，非语言教育本身的因素所导致的英语教育实质性问题，经济学工作者则由于不了解英语教育的特点而无法有效进行经济学分析。笔者具有多年从事英语教育工作的经历，同时长期在经济学院从事英语教学的工作经历以及之后攻读公共经济学博士，这一学识背景为本人从事这一课题的研究提供了极大的优势和便利，可在一定程度上打破长期以来看似不可调和的语言和经济学科之间的樊篱。

本书的研究将打破以往语言工作者对英语教育机制的问题泛泛而论、仅有的定性分析的局面，拟用数据说话，调查诸多相关变量在英语教育方面的投入与产出情况，并通过成本—收益分析计算语言与个人收入以及社会经济发展之间的关系。

然而，限于数据资料以及语言学科本身的性质，本书成本—收益分析中的量化计算难以达到满意的程度。具体来看，本书目前存在的主要问题是：（1）语言类产品和服务的隐性成本和收益的计算；（2）英语学习时间与精力投入的机会成本的计算；（3）限于资料，本书难以获得关于我国英语人才需求方面的确切数据。同时，本书尚待改进之处包括以下两个方面：（1）对我国英语教育的成本—收益分析需要做更深入的实证调查和分析，（2）对我国英语教育规划需提出更具有实操性和建设性的建议。

如前文所述，就我国的研究现状而言，语言经济学基本上还处于起步和推介阶段，而在我国几十年来一方面欣欣向荣、另一方面问题不断的外语教育的现状无疑为该学科向纵深发展提出挑战的同时也提供了机遇。许其潮早在1999年就提出了14个语言经济学可能的研究课题：

（1）外语教育与经济开发区的经济发展；

（2）儿童英语教育的成本—效益分析；

（3）从优化人力资源配置看英语教学的经济学意义；

（4）语言实验室的经济成本与效益；

（5）社会力量办学与外语教育；

（6）"英语语言村"的成本—效益分析；

（7）知识经济与外语教育；

（8）多媒体英语教育软件——一个新的经济增长点；

（9）外语人才市场分析；

（10）从经济角度看"外语热"；

（11）英语在我国的经济价值；

（12）汉语的潜在经济价值预测；

（13）外语培训与留学、移民、劳务输出调查与分析；

（14）外语语用能力与国际贸易的关系。

本书在此引述，旨在说明，从提出这14个研究课题至今已经过去了十几年，毋庸置疑，在某些方面我们的研究已经起步，而受限于主、客观原因，跨学科领域仍少人问津，这些课题大多数至今依然是尚未得到开发的处女地。

参考文献：

[1] Breton, A., 1999. The cultural yield on languages and linguistic assimilation[A]. In Albert Breton (ed.), Exploring the Economics of Language[C]. Ottawa: Department of Public Works and Government Services Canada.

[2] Grin, F., 1999. Supply and demand as analytical tools in language policy[A]. In Albert Breton (ed.), Exploring the Economics of Language[C]. Ottawa: Department of Public Works and Government Services Canada.

[3] 许其潮, 1999. 语言经济学：一门新兴的边缘学科 [J]. 外国语, 122(4): 43-48.

英语作为通用语的测度标准及其对我国语言政策的启示

一、引言

近 20 年来的数据表明，英语已成为公认的世界通用语，当仁不让地占据着支配地位。在全球化背景下，英语的影响力进一步得到广泛认可。一方面，英语因其增进国际政治上的相互理解、经济活动和文化交流而加快了全球化的进程；另一方面，全球化又成为强化英语作为世界通用语的重要推力。英语作为通用语（English as a lingua franca，以下简称 ELF）的经济价值和潜力之巨大已是毋庸讳言，但 ELF 由于非母语国家文化及诸多其他非语言因素的影响而产生了变化。因而在经济全球化的时代背景下，如何描述 ELF 并设定其测度标准就显得非常有必要了。这也是语言与经济关系研究中需要解决的一个基本问题。

二、描述 ELF 的标准

Seidlhofer（2001）相当粗线条地指出，各国使用的英语只要满足以下条件，就可以归入 ELF 的范畴：（1）语音清晰易懂（不要求以母语为标准）；（2）语法简化（包括某些时态的混用和某些形态标记的缺失）；（3）交谈中由于一时难以找到合适的英语词语表达而出现僵局时，能够"让交谈继续"。此外，ELF 还可能是标准英语与不同文化中的非语言因素形成的新的综合体，典型的如话轮转换、描述功能、笑声、沉默、犹豫、重述和纠正等，这些因素对于语言的影响也不可小觑。为了更详细地考察 ELF 的描述标准，Seidlhofer 提出应当对九大问题做出回答，其核心问题是能否找到 ELF 的共同特征。

按照 Seidlhofer 德霍夫的设想，如果能够形成一个 ELF 的核心标准，那么对传统标准英语以外的 ELF 进行描述就不再复杂。考察英语在我国近年来的发展走势，或可管窥 ELF 的共同命运。为迎接 2008 年奥运会，我国政府相关部门为消除不规范的中式英语采取了多项措施，包括出台菜单的英文译法、规范公共场所的双语标识等。然而，全球语言监测中心却认为，中式英语并不会随着奥运的远去而消失，而很可能会继续存在和发展。该机构的专家认为，中式英语已经得到普遍认可，中国人应对这种"英汉绝配"乐观其成。专家们分析指出，中文的复杂性和丰富性决定了其产生新词和接受外来新词的能力非常强，中式英语的产生是英语和汉语相结合产生的"令人可喜的混合体"。

三、英语水平测度标准

从目前来看，非英语国家对英语学习者进行水平测试时，采用的评估标准通常都是标准英语，这就是所谓的标准规范观（N-bound perspective）。其教学目标以本族语者的能力为准，教学内容则以核心英美文化为参照。对水平的评判主要采用英国剑桥大学考试委员会（ESOL）和美国教育考试服务中心（ETS）的各类考试，典型的如雅思和托福。Kachru（1985）用三个同心圆体现英语作为全球性语言的扩张态势：内圈、外圈和扩展圈。其中内圈是指英语为母语的国家，外圈指英语被当作国语或官方语言（有时是母语）的国家，扩展圈是指那些把英语作为外语在学校教授和使用的国家。可是实际上，Kachru 同心圆中所提到的"扩展圈"的学生基本上都在国内学习英语；就我国的情况而言，各级英语教师绝大多数没有在核心英语国家接受过任何教育。所以，语言准确性标准的本土化将是不可避免的。有学者提出应当以沟通理解观（C-bound perspective），即以能够成功交际为标准替代前者。

据此，Elder 和 Davies（2006）戴维斯提出两种 ELF 水平考试模式的设想。第一种是对现有的标准英语水平测试方式进行"改良"，以包容 ELF 学习者口语或书面语中所使用的带有非母语特征但并不影响交际的英语。他们认为这种做法可以从语言以外的其他例子中找到类比，如为视力不好的人群提供大字号的课本就是一例。包容性措施具体有以下几种：（1）审核标准化考试中是否包含 ELF 学习者不太有机会接触到并因缺乏背景知识而难以理解的话题或文体；（2）避免使用非母语者（NNS）不熟悉的词语或结构，或提供注解；（3）口语考试宜聘请 NNS/ELF 专家当考官，以便根据应试者的情况转换为其熟悉的话语方式；（4）对评分者进行培训，确保其只对导致交际不当的错误扣分。

Elder 和 Davies（2006）把 ELF 使用者分成四类，其中第四类是指以标准英语为基础发展起来的带有新语码特征的 ELF，典型的如香港英语和新加坡英语。他们提出的第二种考试模式就是为这种 ELF 而设。作为新的语码，其词汇、语法、语音、语义和话语特征都有别于标准英语，因此测试也必然要将这些因素考虑在内。第一种测试方式提到的改良措施在这里则成为不可缺少的部分。一种可能是，该模式不以语言或语法的准确性为焦点。从口试来看，其测试的重点应该是交际任务被完成的程度、应试者适应对方的能力、自我修补或采用各种技巧消除误解的能力。有趣的是，这一评判标准多少与国内提倡了二十几年的交际教学法的目标不谋而合了。

四、对我国语言政策的启示

全球语言监测中心对中国英语的认可以及学者对于 ELF 考试模式提出的设想

给予我们的启示是：（1）英语之所以能发展成为世界通用语主要是源于其开放的态度，因此我国英语教育规划也应把中国英语的发展走势看作语言融合的必然趋势，而不应一味恪守标准英语的清规戒律，把中式英语打入冷宫，见"错"必究；（2）我国一向以来实行的标准化英语考试的效度和信度的提高与否也有赖于其考试评判标准是否针对中国英语的特点有所调整；（3）去年权威部门要求停止使用 NBA 标识以及关于央视台标 CCTV 是否该停止使用在国内所引发的热议，我们不禁要问，如果英语能以如此开放的态度对待汉语，汉语是否也可仿其道而行之？惟其如此，汉语才可能在发展成为全球性语言的道路上迈开步子。

参考文献：

[1] Elder, C. & A. Davies, 2006. Assessing English as a lingua franca[J]. Annual Review of Applied Linguistics, 26: 282-301.

[2] Kachru, B. B., 1985. Standards, codification and sociolinguistic realism: The English language in the outer circle[A]. In R. Quirk and H.G. Widdowson (eds.), English in the world: Teaching and Learning the Language and Literatures[C]. Cambridge: Cambridge University Press. 11-30.

[3] Seidlhofer, B., 2001. Closing a conceptual gap: The case for a description of Enlgish as a lingua franca[J]. International Journal of Applied Linguistics, 11(2): 133-158.

语言与经济关系研究：脉络与走势

——《语言的经济学分析：一个基本框架》述评

一、引言

国际社会已经步入全方位的全球化时代，人力资源作为生产要素的重要性大大提高，不同地域、不同文化之间的交流日益拓展，人际间交流变得日益重要。而人际交流的最基本手段非语言莫属，因而语言交际功能的重要性日益明显。在经济社会中，个体作为经济人在全球化背景下的社会经济能力集中体现为交际能力，而交际能力又集中体现为语言能力（如图1）。

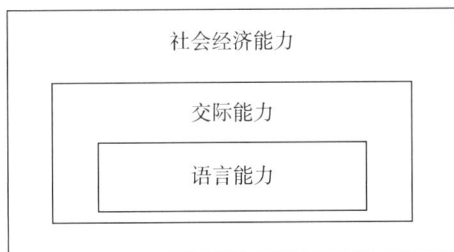

图1　语言能力与经济关系一览

此外，民族主义崛起和文化多样性也使得民族语言的提升和保护问题更加凸显。语言越来越多地与经济联系在一起，特别是在不同文化间交流的语境下，个人的语言行为就和他的语言价值或收益紧密地联系在一起。

从学术界来看，传统上对语言的认识通常停留在哲学和语言学层面：在哲学层面，人们探讨语言与世界的关系；在语言学界，人们则探讨语言的符号性与交际性及其功能，以及各自的认知机制等。而关于语言与经济关系的研究通常认为始于雅Jacob Marschak（1965）里程碑式的论文《语言的经济学》。文中，他把语言看作一种能减少交易成本的通货，并从两个方面入手提出自己的见解，即语言（交流）对于人类的不可或缺性以及语言本身是否经济。"语言经济学"这一术语由此诞生。

语言与经济的相关性体现在以下几个方面：（1）语言作为经济过程中生产、分配或消费环节的一个决定性要素；（2）语言作为人力资本的一个要素；（3）语言教育作为一种能够产生净收益的社会投资；（4）语言政策具有明显的经济学意义，其中考察的最重要因素为成本—收益关系，不论这些成本和收益是否与市场本身相关；（5）语言导致收入不平等现象，如根据语言特征对不同人群实行差别性工资；（6）和语言相关的工作（如口、笔译，语言教学等）构成一个经济部门。正因如此，有关在不同语言或文化间交流的成本和收益问题、劳动力市场对不同语言群体成员的不同选择、语言不同或不平等所导致的各种经济问题（特别是收入差距）、社会经济发展中语言的各种作用、经济学在语言政策与语言规划设计与评价中的优势等问题越来越多地引起各国学者的关注，语言经济学作为一门边缘交叉学科在近三四十年悄然兴起。随着时间的推移，该理论的发展脉络逐渐清晰地展现出"三条近乎平行的学术主线，即人力资本理论框架下的语言经济学、经济学的修辞研究和语言本身的经济学分析"。

不过，迄今为止，语言经济学并没有真正成为一个相对独立的经济学分支，理论体系也不够健全。虽然近十几年来，语言经济学得到了快速发展，但却并没有形成一个脉络清晰的研究体系。不同学科背景下的语言经济学研究人员之间的沟通远远不足，而是凭自己的兴趣以问题为导向各自为营，许多问题的研究尚有待进一步深化和扩展。正是这一系列问题催生了山东大学语言经济学研究中心张卫国教授的专著《语言的经济学分析：一个基本框架》。

该书从考察和梳理语言与经济关系的基础理论研究脉络入手，旨在帮助读者理解新的经济现象，并对语言形成新的认识。本书主体部分回答了语言经济学作为一门学科的几个基本问题：（1）什么是语言经济学，其学科性质及定位如何？换句话说，语言经济学是为解决什么样的问题而产生的，其研究内容、研究方法和路径包括哪些？（2）语言与经济关系的已有研究应当如何统一在语言经济学这一概念之下？（3）语言与经济之间到底存在着怎样的关系？建立在这样一种关系基础之上的语言经济学的未来发展方向可能是什么？在回答这一系列问题的同时，作者为语言经济学构建了一个基本分析框架，从而在一定程度上推动了语言经济学理论的发展。

二、研究内容与结构安排

第一章绪论部分简要介绍了本书的选题意义、研究目的、研究方法、主要创新点以及全书的研究思路与结构安排。第二章首先回答了"什么是语言经济学"的问题。作者通过对相关文献的历时考察和综述，详细梳理了语言经济学的缘起与发展脉络，进而探讨了语言经济学的边界问题，对当前语言经济学的几种提法作了辨析，区分了广义和狭义、理论和应用语言经济学的概念差异；其次，分析了语言经济学与（语言）哲学、社会语言学及制度经济学之间的关系，介绍了语言经济学的研究方法。再次，作者还从人力资本、公共产品和制度的角度提出了语言经济学的三个基本命题，并将其作为语言经济学的一个基本分析框架，为此后各章节关于各个命题的论证做好了充分的铺垫。

语言同时满足人力资本定义的三个标准：首先，语言技能要花费代价（成本）才能获得；其次，语言技能具有生产性；最后，语言技能依附于人体。因此语言具有人力资本属性。基于此，第三章《语言、人力资本投资与劳动收入》从"语言是一种人力资本"这一命题出发，分析论证了双语竞争力及语言人力资本的投资过程，揭示了语言与劳动收入相互间的关系，并对二者关系的理论与实证研究做了详细的评述。语言技能对劳动收入产生的影响主要体现在：一是人们学习一种或多种语言就是对人力资本的投资，而语言知识成为技能的必然结果是产生经济效益；二是语言歧视导致非主体语言群体的成员在劳动力市场上被边缘化而致收入较低；三是语言政策影响着语言人力资本投资或语言歧视的程度，进而影响劳动收入。换句话说，不同语言群体间之所以存在着收入差距，一方面是由于劳动力市场上存在着语言歧视，另一方面则是作为人力资本的一个要素，语言同样具有生产性。

语言具有网络外部性：一方面，作为个人获取经济资源的一种工具或技巧，获利者必然有个人投资倾向，此时语言是个人产品；另一方面，作为提升人们社会和经济地位的手段，语言（尤其是外语）无疑又是提升社会整体素质的必要因素，此时语言教育表现为一种公共产品。作为公共产品，语言本身直接影响着语言政策的选择与制定。第四章《语言、公共产品与语言政策和语言规划》在梳理语言政策和语言规划的研究现状之后，讨论了对二者进行经济学分析与研究的意义和可行性，并围绕"（官方）语言是一种公共产品"这一命题考察其在官方语言的确定和语言推广等语言规划中的应用。

张卫国（2008：144）指出，作为制度，语言不仅对交易成本产生影响，还影响着其他制度安排的效率。本书第五章《语言·制度·交易成本》以此为起点，分析论证了"（社会）语言是一种制度"的命题，考察了语言的制度性质和内涵及其对制度、交易成本的影响机理等问题。该制度与结构主义语言学及系统功能语言学中所提到的制度并非同一个概念，而是指"语言"作为一种工具与社会制度之间可能存在的千丝万缕的联系。如 Davies 和 Abdurazokzoda（2015）所述，在建构一个语言数据库时，选择用哪些国家的语言就可能涉及社会认同、文化偏见和语言歧视等诸多方面的问题。往大处说，在这个日益国际化的时代，哪怕只是构建一个世界语言结构地图，如果未能不偏不倚地对待各个国家和地区的语言，也可能对国际秩序和制度产生重要的影响。

语言的起源与变迁的机理在语言学领域素来众说纷纭，莫衷一是。第六章《语言的起源与变迁：一种制度经济学的解释》从制度出发，对语言的制度生成、语言符号的不变性与可变性、语言变异与语言变迁的关系、语言变迁的主体、动力与方式以及语言变迁中的集体惰性和路径依赖等基本问题进行了详细分析，既为亘古未解的语言起源问题提供了循本究源的依据, 也为语言变迁的可能走势提供了社会经济解释。

语言的发展变化过程其实就是语言同化与多样化这对矛盾体同在的过程。第七章《语言的多样化与语言同化: 兼论语言变迁的方向》基于与拉波夫命题相似的两种事实的观察或判断来讨论语言变迁的方向, 对语言同化和语言多样化进行了经济学解释, 分析了这一对貌似相反的变迁方向均衡的可能性, 并讨论了一般制度的多样化和趋同与语言多样化和语言同化的相似性。

三、主要结论

书中各章节针对开篇提出的几个研究问题做了鞭辟入里、细致入微的探究和论证, 对相应的研究问题做出的回答或得出的结论如下:

（1）语言经济学是以经济学的理论、原则或方法, 把语言和言语行为当作普遍存在的社会和经济现象来加以研究的一个经济学分支学科。广义上, 语言经济学从经济学角度来研究语言本身的问题, 或者研究经济或经济关系与语言及言语行为的相关性, 即用经济学的理论、方法来研究语言和言语行为的产生、发展与变迁, 或研究语言及言语行为对经济理论、方法或经济绩效的影响与作用。

（2）从经济学的视角来看, 语言（能力）是一种人力资本,（官方）语言是一种公共产品,（社会）语言是一种制度。语言学习是对人力资本的一种投资, 双语乃至多语在劳动力市场上有很强的竞争力, 而作为人力资本, 语言是决定劳动力市场就业及人们劳动收入的重要因素之一。经济学理论和研究方法应用于语言政策和语言规划的分析, 尤其是对政策效果的评价具有更强的说服力和解释力。作为公共产品, 语言本身就可以直接影响到语言政策的选择与制定。同时, 语言还是制度中的制度, 语言不仅对交易成本产生影响, 还影响着其他制度安排的效率。进一步分析语言这种制度有可能对制度经济学某些基本理论产生重要影响, 也有可能为人们理解一般性制度提供启示。关于语言经济学的三个基本命题中, 后两者的研究虽然刚刚起步, 但前景极为广阔, 都是语言经济学亟待研究和值得深入研究的内容。

（3）语言学习是对作为人力资本的语言的投资, 双语乃至多语能力在劳动力市场上具有很强的竞争力, 而作为人力资本, 语言是决定劳动力市场就业及人们劳动收入的重要因素之一。从人力资本的角度看, 人们学习另一门语言的愿望和动机就表现为纯粹的经济激励。

（4）语言是制度中的制度; 语言不仅对交易成本产生影响, 还影响着其他制度安排的效率。作为一种旨在降低交易成本的制度, 语言的变迁方向趋向于单一与融合; 作为民族文化象征的符号, 语言的变迁方向却朝着语言多样化发展（或至少在人为干预下保持语言的多样性）, 但二者并不是矛盾的, 而更像是一枚硬币的两面。语言的变迁存在着语言同化区和生存区, 二者的临界处是语言同化与多样化之间的均衡点。

四、简评与展望

该书述评和研究相结合，对已有的语言与经济关系研究进行梳理，条分缕析，重新整合，并试图在多学科间进行沟通对话，期间不时闪耀着作者自身思想的火花。在研究方法上，该书以经济学的理论和方法作为主要的分析工具，同时兼顾语言学的相关理论和方法。其研究思路如下：首先通过对语言经济学的缘起、发展脉络及现有基本理论做出系统梳理，总结语言经济学已有的理论体系，揭示语言经济学的学科性质与定位，厘清什么是语言经济学；其次以语言经济学的三个基本命题作为理论框架，并对各自的主要研究领域和内容做出深入评析；再次探索了语言经济学的一些新问题，丰富了语言经济学的理论内容，提出了一些突破性的研究路向；最后做出总结，找到进一步研究的方向。

该书的理论创新主要体现在：第一，综合、沟通已有语言经济学理论，总结了语言经济学的三条学术主线；辨析了当前语言经济学的几种提法，区分了广义和狭义、理论和应用语言经济学；分析了语言经济学与相关学科［（语言）哲学、社会语言学及制度经济学］之间的关系，讨论了语言经济学的边界，揭示了语言经济学的学科性质与定位；第二，提出并分析语言经济学的三个基本命题，即语言（能力）是一种人力资本，（官方）语言是一种公共产品，（社会）语言是一种制度。其中，命题一是建立在语言经济学关于语言与收入已有研究成果之上的一个总结性提炼，命题二、三从公共产品和制度的角度对语言进行分析，从两个全新的视角丰富并发展了语言经济学的理论；第三，在深入评析已有语言经济学研究的同时，深化相关问题的研究，首次论证了语言、制度和交易成本三者的关系，并运用经济学理论与方法从制度的视角研究了语言的起源、变迁及变迁方向，为语言经济学的后继研究开拓了新的研究领域。

该书为语言与经济关系的研究构建起一个基本的理论框架，有助于人们正确判断日常社会经济生活中所涉及的语言问题并做出相应决策。其中的三个基本命题均可为解决目前语言生活中存在的问题提供具有较强实操性的指导性建议：

（1）"语言（能力）是一种人力资本"。当前我国的英语教育投资可谓乱象丛生，不论个人投资还是公共投资都有严重的投入不足与重复投入同在的问题。为了确保人们以最合适的投入取得最佳学习效果以达到帕累托效率，我们可以以这一命题为基本原则，从深层次探讨我国目前外语教育各学段之间的课程设置脱节以及教学目标和动机不明导致教学效率低下等问题，从而提出解决办法。（江桂英，2010）

（2）"（官方）语言是一种公共产品"。意识到这一基本原则有助于决策者判断如何供给该公共产品才是有效的，即制定语言规划与语言教育政策时考虑如何惠及最大多数公民。

（3）"（社会）语言是一种制度"。语言作为一种制度，具有一般制度所具有的共同特征，即均质化与多样性同在。语言与经济相互作用的结果则可能使得两种制度在社会经济生活中相互交织，形成我中有你、你中有我的局面。比如"一带一路"这一全球化经济政策实施的结果必然导致经济发展路径一定程度的均质化，而该政策由于涉及诸多国家及其语言，意味着我国的语言教育政策也必然随之改变，从而在实现经济均质化的同时导致了语言教育多样化，继而实现多元文化下的价值最大化。

未来的语言经济学研究可能转向更微观的层面，也将更多地体现不同学科之间对话的必要性和可能性。Chen（2013）通过一组来自储蓄率、健康行为和退休后的资产等证据分析表明，不同语言由于编码时间的方式不同而可能对人们前述的经济行为产生影响。一种语言的语法如果更多地与现在时及将来时相联系，就可能培养人们指向未来的行为方式。当语言结构效应与时间选择模型相吻合时，这样得出的预测就是有意义的。通过实证研究，作者发现使用这些语言的人们具有储蓄率更高、退休时拥有较多财富、抽烟少、性取向保守、肥胖症少发等特点。

Sarid 等（2017）的研究则对语言结构的经济原因和结果都做了探讨。该研究提出假设并证实，不同语言中将来时结构的差异、是否具有语法性（grammatical gender）和礼貌用语，这些与前工业时代那些助益于农业投资高收益的地理特征差异以及等级社会的出现之间有着根深蒂固的关系。研究还表明，尽管语言结构很大程度上反映了人类过去的经验和祖先的文化特质，其对人们行为和经济结果方面的影响却是独立于前者的。类似的研究可以说是为经济学与语言学之间的对话打开了一扇大门。

参考文献：

［1］Chen K., 2013. The Effect of Language on Economic Behavior: Evidence from savings rates, health behaviors, and retirement assets[J]. American Economic Review, 103(2): 690-731.

［2］Davis, L. S., & A. Farangis, 2016. Language, culture and institutions: Evidence from a new linguistic dataset[J]. Journal of Comparative Economics, 44(3): 1-21.

［3］Marschak, J., 1965. Economics of language[J]. Behavioral Science, 10(2): 135-140.

［4］Grin, F., 2001. English as economic value: facts and fallacies[J]. World Englishes, 20(1): 65-78.

［5］Sarid A., O. Galor, & O. Ozak, 2017. Geographical Origins and Economic Consequences of Language Structures[J]. CEPR Discussion Papers No. 11917.

［6］江桂英, 2010. 中国英语教育：语言经济学的视角 [M]. 厦门：厦门大学出版社 .

［7］张卫国, 2016. 语言的经济学分析：一个基本框架 [M]. 北京：中国社会科学出版社 .

［8］张卫国, 2008. 作为人力资本、公共产品和制度的语言：语言经济学的一个基本分析框架 [J]. 经济研究, 2: 144-154.

第三部分
外语教育研究

一线教师的天职首先是把书教好。但不问世事地关起门来备课，带本教材上课的"好日子"早已随着世易时移离我们远去了。外语教学的模式和理念如果不随着日新月异的社会发展和技术更新而转型，其终结时代也必然离我们越来越近。笔者在边教边学的过程中亲眼目睹了国家、社会与个人对英语教育需求的改变。以下几篇小文就算作为顺应时代的需求而对英语教学本身所做思考留下的小果子吧。

大学英语教学向何处去

一、引言

伴随着二十一世纪的到来，人才的复合型培养既成为教育改革的基本方向，同时也给广大教育工作者提出了更大的挑战。入世在即则对科技、经贸、金融、法律、教育、文化等领域人才的国际交往能力提出了更高的要求。英语作为一门世界性语言因而成为复合型人才中重要的复合因素之一。我国教育部已明确提出将在有条件的地区从小学一年级开始开设英语课，最迟不得超过三年级；无条件的地区也应尽快创造条件。按照这一进程，我国的应届高中毕业生将基本上能达到目前大学英语四级的水平，即"具有较强的阅读能力和一定的听、说、写、译能力……能用英语交流信息"（《大学英语教学大纲》编写组，1999：1）。

英语教学的早龄化除了对小学英语教学的开创性阶段提出了很高的要求外，作为"最后产成品阶段"的大学英语教学也必然遭遇到前所未有的挑战。大学英语教学的目的、教学模式、教学方向等的转型将是一项巨大的系统工程。大学英语教学工作者将不得不思考的一个问题是：大学英语教学向何处去？

二、教非所学、学非所教——大学英语教学现状一瞥

目前大学非专业英语教学正在陷入一种教学窘境，即普遍存在高投入、低产出现象。一方面，从小学伊始，各学校开设的英语课时之多绝非其他任何学科能比；另一方面，教师备课量之大、上课之卖力及作业批改量之多换取的却是部分学生的厌学、逃学和学业的停滞不前。如果说中学时代还有高考这一指挥棒"赶鸭子上架"的话，大学英语也同样还有更多的"考海"等待着学生们往里跳。笔者认为，并不是由于大学英语教师课上得不生动或课堂信息量不够大，其中很关键的原因应是教与学的目的脱节了。教师们始终坚信打好扎实的语言功底是学好语言的先决条件，并强调统考只是手段（means）而不是目的（end）。可是我们的不少大学生刚进大学校门就信誓旦旦地扬言，要在英语四六级、托福、GRE、BEC 等考试中杀出一条血路，于是案头堆满了各种应试指南、考试技巧、"攻克……难关"及各个等级的词汇表。课堂内外，随处可以看到学生手头要么是厚过砖块的词汇手册，要么就是形形色色的模拟练习册。各种考试培训中心应运而生，赚了个盆满钵满。但凡有此决心和恒心者，考试能得高分者甚众。可是其应用能力提高的比例却远远低于考分提高的比例。

三、重应用——专业英语和高级英语是出路

新修订的《高等学校英语专业英语教学大纲》规定："高等英语专业应培养具有扎实的英语语言基础和广博的文化知识并能熟练地运用英语在外事、教育、经贸、文化、科技、军事等部门从事翻译、教学、管理、研究等工作的复合型英语人才。"（转引自黄源深，2001：9）同时，国家教育部〔2001〕4 号文件第 8 条明确规定，"积极推动使用英语等外语进行教学"。具体内容引述如下：

按照"教育面向现代化、面向世界、面向未来"的要求，为适应经济全球化和科技革命的挑战，本科教育要创造条件使用英语等外语进行公共课和专业课教学。对高新技术领域的生物技术、信息技术等专业，以及为适应我国加入 WTO 后需要的金融、法律等专业，更要先行一步，力争三年内，外语教学课程达到所开课程的 5%～10%。暂不具备直接用外语讲授条件的学校、专业，可以对部分课程先实行外语教材、中文授课，分步到位。（2001 年 8 月 28 日，《关于加强高等学校本科教学工作提高教学质量的若干意见》的通知）

为着同样的目标，即培养复合型人才的大学公共英语教学应该做些什么，又能做些什么？学习外语的最终目的无非是应用。因此，刚进大学校门的新生在具备了基本的读、听、说、写能力之后该用英语来做些什么？事实证明，若干年后的大学新

生完全可以达到这一水平。据不完全统计，厦门大学 1999 级学生参加 CET 统考的时间放开后平均每个班约有一半以上在一年级下学期就通过了四级，其中约有五分之一紧接着在二年级上学期通过六级。笔者曾在学生中做过尝试：把一篇文章分别作为两个班的阅读材料，其中让一个班把重点放在文章的语言点和写作手法上同时兼顾文章内容，而另一个班重点放在获取信息上同时兼顾好的表达法或结构。结果前一个班学生打呵欠的几率远比后一个班多，获取信息的效果则后一班大大超过前者。从这次经历得到的启示是：学生应用语言的兴趣远在学习语言知识之上，而当把二者结合在一起时，效果比单纯为学语言而学要好得多。这就是浸泡教学法（immersion）的长处所在。这一教学法优良的效果已经为广东外语外贸大学国际商务管理学院的教学实践所证实。（蔡芸，2001：33-35）

《大学英语教学大纲》（修订本）（以下简称《大纲》）把大学英语的学习分为"基础阶段"和"应用提高阶段"，其中"应用提高阶段"又包含"专业英语"和"高级英语"两种形式。笔者预测，这后一阶段将是若干年后的大学英语基础阶段。掌握了英语的听、说、读、写能力之后，学生应注重应用。怎么应用？复合型人才不应仅是专业和英语的简单相加，而应把二者融为一体，使之发生真正的"化合"反应。要达到这一目的，就必须在课程设置上下工夫，以专业英语教学为突破口，从而使整个大学英语教学迈上一个新的台阶。

四、专业英语——解决师资缺位是关键

专业英语教学一直伴随着专业的教学而存在，所以它绝不是新生事物。可是我国许多高校的专业英语教学却普遍存在先天不足的问题。由于诸多方面的原因，专业英语课程一直是由专业英语教师承担。对于专业英语教学的效果，笔者不敢妄加评论，但从接触的很有限的几个个案中却可以发现其教学形式中存在的问题。首先，不少专业英语教师的授课语言是汉语。其次，授课的形式主要是英汉对照。若没有现成的汉译本，教师们就逐字逐句翻译，学生似听非听，结果似懂非懂。一学期下来，考查的就是几个专业术语的英、汉语对应词。上过专业英语课的高年级学生拿起原著哪怕只是"Principles of ..."，"该懂的、不该懂的一概不懂"。这是专业教师讲授专业英语时存在的"语言缺位"。

让英语语言专业的教师讲授专业英语如何？笔者在这一点上有切身的体会。笔者在没有任何专业知识背景的情况下承担了"财税专业英语"课程的教学任务。笔者选择了一本原版的财政学教材，并根据专业老师的建议删去了一些章节。一开始，凭着扎实的语言功底和对经济中财政现象的一些常识性知识尚且能够应付：和学生一起分析专业英语中常用的句型、分解原著中的长句、难句，用英语组织小组

讨论或就某些经济现象发表个人观点，课程进展倒也顺利。可是随着专业的逐渐深入，学生提出的专业问题已经超出笔者的知识范围，尴尬就此产生了。后来，学生念我是初学者，在以后的教学中，他们只问英语方面的问题，专业知识却不敢再"纠缠"。这是英语专业的老师在教授专业英语时的"专业缺位"。

可见，培养复合型人才最紧迫的问题在于解决教师的"缺位"状态。如何解决这一问题不再是专业或英语单方面的课程设置问题，而应把它作为整个教育改革中的一项大工程来对待。李岚清副总理就曾多次在不同场合过问大学英语教材、教改等方面的问题。章晓麟和马丁（1999：37）提到其所在学校的教学改革是"以大学英语教学改革为突破，努力提高教学质量"。厦门大学的办学宗旨是要在二十一世纪建设成为"国内外知名的高水平研究型大学"。因此，我们应当充分利用当前教学改革普遍展开这一契机，为大学英语教学定好位，从而为扩大我校在国际上的知名度铺平道路。《大纲》（1999：10）指出，"要逐步建立起一支相对稳定的专业英语课教师队伍，成立由学校领导和专业英语教学指导小组，统筹、协调、检查专业英语教学方面的工作"。若要适应当前改革方向，则这应是我校学科建设的近期目标。

五、师资来源——综合利用现有的人力资源

反观现状，尽管厦门大学的专业英语课程被设定为主干课，但据笔者所知，许多老师、学生都并未给予足够的重视，有些专业甚至由于缺乏教师而不设专业英语课程。由此可知，为了培养复合型的学生，学校必须首先具备或尽快培养出复合型的教师。

专业英语课程的师资可以由公共英语教师和专业课教师两部分组成。学校管理层可根据各专业和外语教学部现有的师资进行统筹，把各专业现有的专业英语老师保留在三四年级开设专业英语课程。公共英语的老师可根据学科特点及个人兴趣分为几块，主要在低年级阶段为已经具备英语应用能力的学生有针对性地开设专业英语课。其中人文学科类因其与语言直接的联系而可以为这些专业的学生统一开设"高级英语"，可具体开设高级听说、高级写作、高级阅读、报刊阅读、翻译技巧、英语口译、英美文学欣赏、英美文化等课程。

厦门大学经济学科的专业英语师资较强，建议对该门类的学生从一年级就开始进行沉浸式教学，主要开设原理课，用英语原版教材，授课语言为英语。此类课程由部分公共英语老师略加培训加自学后即可承担。课程形式可包括英语文献阅读、专业英语资料翻译、英文摘要写作等。

根据以往经验，理工类的学生英语底子普遍较弱，因此，大部分同学须先过语言关。可以根据实际情况在大一下或大二上开设科普类的专业英语，师资主要从公共英语老师中解决。按照杨叔子先生的观点，理科学生同样需要有扎实的语言功底，因此可同时对他们开设英美文学欣赏、英美文化等选修课。

有些专业缺乏高年级专业英语老师，这可以从专业老师中选派英语较强者到国外进行培训或把基础英语的老师进行就地培训，这样既加强了学科间的联系又解决了师资缺乏的问题。

作为试点，现阶段可鼓励公共英语教师根据自己的兴趣为已经通过四、六级统考的学生开设一些专业英语或高级英语的选修课，从而为以后系统的学科建设提供实践经验和依据。

师资问题解决后，学校应对入学新生进行分级测试，语言基础尚未过关者应给予其一学年左右的时间先过语言关，其他学生可直接进入高级英语或专业英语的学习。

无疑，这一思路意味着要打破原先学科间森严的壁垒和高筑的藩篱。一方面，它对学校的教学管理水平提出了更高的要求，另一方面则为公共英语教师提出了严峻的挑战。笔者无意危言耸听："狼"之将至，这已是可预见的未来，关键在于我们将如何面对"狼"的挑战？"车到山前必有路"，那只是无路者聊以自慰之托词；从现在做起，"未雨绸缪"，这才是大学英语教学的出路。

参考文献：

[1] Genesee, F., 1987. Learning Through Two Languages: Studies of Immersion and Bilingual Education[M]. Newsbury House Publishers.

[2] 蔡芸, 2001. 培养复合型人才的有效方式 [J] . 外语与外语教学 144(4): 33-35.

[3]《大学英语教学大纲》修订工作组, 1999. 大学英语教学大纲（第 2 版）[M]. 上海：上海外语教育出版社 .

[4] 黄源深, 2001. 21 世纪的复合型英语人才 [J] . 外语界, 81(1): 9-13.

[5] 章晓麟, 马丁, 1999. 面向 21 世纪教学改革的回顾与展望 [J] . 中国高教研究, 3: 73-74.

高校双语教学的难点与对策

一、引言

二十一世纪注定是中国人扬眉吐气的新世纪。随着我国走向国际的大门洞开，加入世贸组织、"申奥成功"等一系列接踵而至的喜事在全国上下再次掀起一股学英语的浪潮。英语作为一门世界性语言因而成为复合型人才中重要的复合因素之一。显然，为了培养复合型的学生，得先具备复合型的教师。高校双语教学就此应运而生。国家教育部在2000年提出加强大学本科教学的12项措施，其中很显眼的一条就是要求各高校在三年内开设5%～10%的双语课程，并引进原版教材和提高师资水平。同时还把这一项作为各高校评优的重要指标。于是各高校各专业纷纷开设了双语课程。

那么轰轰烈烈之后我们看到了什么呢？笔者曾经担任过财税专业的英语教师。因此，出于职业的敏感也罢，出于好奇也罢，笔者特的找了几位首次承担双语课程教学的老师聊起这个话题，感受颇多，特此提出与各位专家同仁共议。

二、现状——参差不齐，令人担忧

首先应当澄清两个概念。在此以前，我们的双语教学概念是名副其实的"双语"（bilingual）语言的学习，指的是两种语言即母语和外语（或第二语言）的学习同时进行的语言教学形式。对于这一领域的研究，我国少数民族地区及民族学校早已走在了前列，其中多是针对少数民族语言和汉语同时进行的教学模式的研究或针对方言地区展开的双方言研究。同时还包括国内正在蓬勃发展的中小学乃至幼儿园的所谓"双语学校"。这不是本文所讨论的范围。此外，国家教育部针对高校提出的双语教学在英语中称作 Language Across the Curriculum（以下简称 LAC），即"跨课程语言教学"。（梁中贤，2002）其实这一概念也算不上什么新生儿。我国早在20世纪80年代末开始的中国、加拿大合作项目 MBA 课程就基本上是用英语讲授专业课的。此外，英语专业以外的各专业也向来都开着专业英语课程。而在高校各个专业全面铺开 LAC 教学项目则是教育部明文提出这一要求，并把此作为对各高校评优的一项重要指标之后的事。

国家教育部〔2001〕4号文件第8条明确规定，"积极推动使用英语等外语进行教学"。具体内容如下：

按照"教育要面向现代化、面向世界、面向未来"的要求，为适应经济全球化和科技革命的挑战，本科教育要创造条件使用英语等外语进行公共课和专业课教学。对高新技术领域的生物技术、信息技术等专业，以及为适应我国加入 WTO 后需要的金融、法律等专业，更要先行一步，力争三年内，外语教学课程达到所开课程的5%～10%。暂不具备直接用外语讲授条件的学校、专业，可以对部分课程先实行外语教材、中文授课，分步到位。"

各高校就此一呼百应，纷纷把有条件的、无条件的老师都推上了双语教学的讲台。效果如何？笔者走访过的专业英语教师纷纷倒苦水，有的认为这是"赶鸭子上架""不好上"，有的抱怨"这些学生学了那么多年英语，怎么一上课全成了哑巴？"还有人认为"这是大学基础英语教学模式的后遗症"。

笔者认为，这些反应都是可以预料的。"赶鸭子上架"，这是以为懂英语就可以用英语讲课，把外语和专业的关系简单化。"不好上"，这是真正道出了外语和专业之间的关系不是简单的加法就能处理好这一事实。"一上课便成哑巴"，这岂止只是在专业英语的课堂上发生？至于说是"大学英语教学模式的缺陷"，那也多少是事实。我们的大学英语教学一直在改革中求发展，但收效似乎不大，究其原因，是教师作为语言和专业之间的桥梁功能尚未充分发挥出来。

那么这些双语专业老师的教学方式有什么变化呢？有位老师自嘲道："惟一的变化就是拿着外文原版书上课，读教材时用英语，而讲解知识点时还是念念不忘生我养我的母语。"从几位老师的反映来看，现在的双语课程与其说是用英语授课，毋宁说是老师用英语读课本，而对于要用英语讲授专业知识却常感力不从心。这样一来，反而连专业知识的传授也受到影响。

更多的双语课程是由原来的专业英语老师自然而然转过来承担的。那么此前的专业英语教学又是怎样一番情形呢？笔者（2001）对此问题的论述如下："首先，不少专业英语教师的授课语言是汉语。其次，授课的形式主要是英汉对照。若没有现成的汉译本，教师就逐字逐句翻译，学生似听非听，结果似懂非懂。一学期下来，考查的就是几个专业术语的英汉语对应词"。要问效果如何，上过专业英语课的高年级学生的反应是，"拿起原著哪怕只是 'Principles of...'，该懂的、不该懂的一概不懂。"

显然，专业英语课程中存在的缺陷也由摇身一变而成 LAC 的老师带到新的课堂里来了。此所谓"新瓶装旧酒"，"换汤不换药"。

三、双语课程与基础英语——整合、创新

可见，培养双语专业人才最紧迫的问题在于解决双语教师的"缺位"状态。如何解决这一问题不再是专业或英语单方面的课程设置问题，而应把它作为整个教育

改革中的一项大工程来对待。厦门大学的办学宗旨是要在二十一世纪把学校建设成为"国内外知名的高水平大学"，并在最近提出"培养具有国际竞争力的新世纪人才"的目标。因此，我们应当充分利用当前教学改革普遍展开这一契机，为大学英语教学定好位，从而更好地为专业服务。

作为非英语专业的学生，其应用语言的兴趣远在学语言知识之上，而当把二者结合在一起时，效果却比单纯为学语言而学要好得多。这就是沉浸式教学法（immersion）的长处所在。这一教学法优良的效果已经为广东外语外贸大学国际商务管理学院的教学实践所证实。沉浸式外语教学在美国已有十几年的历史，该模式在增强学生跨文化知识、提高专业性多语言（multilingual）和多文化（multicultural）交际能力等方面起着不可低估的作用，同时，这也不失为打破学科间樊篱的一个重要突破口。

双语教学并不是英语和专业知识的简单相加，而是两者的有机融合，教师必须具有一定的知识整合能力，使英语与专业在教学过程中融会贯通，而这就得在基础英语和专业英语之间的沟壑之上架起一座桥梁。

这座桥梁由谁来架？笔者认为基础英语老师责无旁贷。专业语言学习（academic language learning，下简作 ALL）可以作为非英语专业学生走向双语课程的预备性课程，这就是要使学生对该语种的掌握程度达到能在用该语种授课的专业课中得心应手的水平。这样，专业语言就能够和学科概念交汇成一体。要使学生具有充分的语言能力，ALL 应当注重对内容的可理解性进行筛选。应鼓励学生用英语广泛接触该专业的各种文体，同时注意对语言本身的讲授，以使学生了解语言的工作机制，探索跨语言（cross-linguistic）关系，让学生充分认识人类话语中语言和能力的交叉点。

英语专业的老师也不必再守住那块"净土"不放，实际上，美国跨语言课程中的"出口模式"（即把外语的学习融会到专业中）和"进口模式"（即外语专业引进其他学科的专业知识）在我国也早已不再是什么"新玩意儿"。我国英语学界的一些专家对"英语是一门工具"这种说法嗤之以鼻，笔者认为有失公允。蒸蒸日上的非英语专业教学不是为了教会学生使用这门工具又是为了什么？何况，事情的发展态势已由不得你说"不"。实际上，英语专业应当以当前的发展形势为契机，建立复合型外语专业，既为双语课程教学培养师资打基础，同时也拓宽外语专业学科的建设范围。

四、教学效果是关键——师资与激励机制

如前所述，据担任双语教学的专业老师反映，眼下的 LAC 教学效果并不理想，究其原因，主要是基础英语阶段与其后续教育没有相关性。结合当前专业课的双语教学改革倾向，可以把基础阶段的英语教学和专业结合起来。基础英语阶段的教学内容应当超越基础英语的范围，可针对专业特点补充与各专业相关的英语阅读材料，以培养学生基础阶段的专业英语水平。笔者近几年来根据自己的思路设置教学模式，即针对大二下的学生进行自主教学。具体办法是：限于师资，可粗分为大文科、大理科，选取针对性较强的材料；也可由基础英语教师和担任双语教学的专业老师来共同承担不同阶段教材的选取工作。

笔者认为，双语课程的师资可以由公共英语教师和专业课教师两部分组成。学校管理层可根据各专业和外语教学部现有的师资进行统筹，把各专业现有的专业英语老师保留在三、四年级开设双语课程。公共英语教师可根据学科特点及个人兴趣分为几个板块，主要在低年级阶段为已经具备英语应用能力的学生有针对性地开设预备性质的专业英语课，目的是为了培养学生的专业语言能力（academic language proficiency）。

改革的难点在于师资。若能给公共英语的老师留下更大的空间和更多的时间，教师的自我培训将可对解决师资问题起到立竿见影的效果。在这方面，学校当局应当有意识地打破学科樊篱，为外语教师创造接受专业知识培训的多方条件，从而使基础阶段就开始对各专业学生进行双语沉浸式教学成为可能。

目前，厦门大学采取的措施主要是在假期选派各系中青年骨干教师到澳大利亚、英国等地接受两个月左右的培训。这无疑是个好的开端，但笔者认为学校还应在开发现有资源上多加努力。毕竟，"两个月学英语"这种速成方法的有效性尚待检验。

此外，教与学不应脱节。讲求 LAC 教学效果很重要的一点是充分调动学生的积极性。光让学生意识到"这种学习很重要"远远不够，还应当建立相应的激励机制，让他们的学习目的性更明确些。如美国有些学校为参加双语课程学习的学生颁发双学位证书，这对于我国不少已经实行双学位制的高校来说很有借鉴意义。

参考文献：

[1] Cummins, J., 2001. Instructional conditions for trilingual development[J]. Journal of Bilingual Education and Bilingualism, 4(1): 61-75.

[2] 黄源深，2001. 21 世纪的复合型英语人才[J]. 外语界，81(1): 9-13.

[3] 江桂英，2001.大学英语教学向何处去 [J].厦门大学学报（哲社版）教学与管理研究论文专辑.

[4] 梁中贤，2002.美国高等院校外语教育的发展趋势 [J].国外外语教学，1:14-18.

[5] 中华人民共和国教育部，2001. 关于加强高等学校本科教学工作 提高教学质量的若干意见（〔2001〕4 号文件）[EB/OL]. http://old.moe.gov.cn/publicfiles/business/htmlfiles/moe/moe_309/200412/4682. html.

高校双语教学课程建设设想

——兼论高校大学英语和专业双语教学的衔接问题

一、引言

教育部在 2001 年提出的加强大学本科教学的 21 项措施中，有一条要求各高校在三年内开设 5% ～ 10% 的双语课程，并引进原版教材和提高师资水平（国家教育部〔2001〕4 号文件）。这一目标的提出意味着我国的高等教育和国际社会的距离又拉近了一步。

高校双语课程其实就是"学术语言学习"（Academic Language Learning），也称作"以内容为中心的语言教学法"（content-centered language instruction）。这一概念最早是由 Chamot 和 O'Malley 于 1986 年提出的。他们以认知语言学的研究结果为基础，为达到专业学习和语言习得的双重目的而将专业语言开发、专业内容教育和明确的学习方法教育融为一体（1994：1）。Krashen（1983）也认为，当学习条件与母语的习得条件相同时，第二语言的学习效果可以达到最佳。这些条件包括以意义而非形式教学为重心、语言输入与学习者的水平相当或略高以及在一个相对没有焦虑的环境下有足够的机会有意义地使用该语言。（Crandall，1994）这意味着，第二语言教学的重心应放在学习有意义的事物如专业内容上，同时将与专业相关的材料稍作润饰，以使其能够起到语言习得和专业学习有机融合的双重作用。卡明斯甚至认为，普通语言 1 ～ 2 年之内就能掌握，而读懂社会研究文本或解决数学词语问题则需要 5 ～ 7 年时间（转引自 Crandall，1994）。将语言学习和专业教育融为一体可以为学生在取得专业语言能力的同时继续培养他们的认知能力或专业能力。

多年来，高等学校双语（专业英语）教学在专业教师使用外文教材而用中文授课的形式上停滞不前。这一教学模式的结果是：学生只是记住了一些英文术语，但是仍然不能自如地阅读英语材料、用英语讨论或就相关专业的话题进行写作。此外，基础英语教学由于没有针对学生专业特点有的放矢地进行，从而使得基础阶段和双语教学阶段之间产生了脱节，于是造成两边不讨好的尴尬境地。现就基础英语和双语教学课程如何有机衔接以及如何将其建设成一门系统科学的问题提出自己初步的思路和看法。教育部提出高校双语课程建设的目标已有三个年头。如何使该课程的建设具有前瞻性和时代性成为课程建设的重点。本文重点指出双语课程建设和大学英语教学改革的不可分割性，并就基础英语和双语教学课程的有机衔接以及教学模式设计提出一点思路。

二、双语课程建设现状

针对教育部提出的目标，厦门大学最近提出了双语课程建设的具体计划，并将于 2004 年秋季开始实施。计划将双语课程建设为 A、B、C 三级，并就教材和主要参考资料、教师、板书和课件、作业、考试和师生交流几个方面的外语使用程度对各个等级提出不同要求（厦大教务处，2003）。这一工程的建设对于提升我校的双语课程建设将画下有力的一笔。但笔者认为，双语教学并非一个可以独立存在的项目，它的建设能否取得实际效果很大程度上取决于基础英语教学模式是否能够成功转型。

尽管大学英语教学改革一直都在零敲碎打地进行着，但是重大改革措施的出台则是最近的事。其中的标志性成果是《大学英语课程教学要求》（试行）（以下简称《要求》）的提出。首先，"大纲"被"要求"所取代，这意味着大学英语教学不再是"一言堂"，各高校可根据自身的"教学资源、学生入学水平以及所面临的社会需求"等制定出切实可行的"科学的、系统化的、个性化的大学英语教学大纲"（教育部，2004）。大学英语教学目标也由原先的"培养学生具有较强的阅读能力和一定的听、说、读、写、译能力，使他们能用英语交流信息……"（《大学英语教学大纲》修订工作组，1999）转化为"培养学生英语综合应用能力，特别是听说能力，使他们在今后工作和社会交往中能用英语有效地进行口头和书面的信息交流，同时增强其自主学习能力、提高综合文化素养，以适应我国经济发展和国际交流的需要"（教育部，2004）。

面临这一场大学英语教学的大变革，笔者认为双语教学模式的设计应该适时地将这一重要因素考虑在内，将大学英语教学和双语课程教学有机地结合起来，真正实现"一条龙教学""英语学习四年不断线"的目标。双语教学应当以基础英语教学改革模式的提出为契机，变强调阅读为听说读写并举，并在短期内强调听说，以尽快扭转目前不良英语教学模式遗留下来的弊端。

分级教学不仅应该在基础英语阶段进行，也应该在专业双语阶段进行。根据《要求》，各高校今后应根据本校实际情况制订教学大纲，大纲的制订要符合三个层次的要求，即一般要求、较高要求和更高要求。笔者认为，各高校内部同样有责任根据自身学生的情况将其再根据已有标准进行分级，从而为双语教学也按不同级别开课打下坚实的基础。幸运的是，我校目前设定的双语教学课程 A、B、C 三级所定下的标准正好可以和基础英语的三项要求相吻合：即 A 级双语课程为基础英语已达到更高要求的学生开设，B 级双语课程为达到较高要求的学生开设，C 级双语课程则为达到一般要求的学生开设。这一思路还不失为是近期内解决双语课程师资力量的比较理想的方法。

三、国外双语课程教学模式

根据前述分级教学模式来设计课堂教学模式，双语课程就不再是语言和专业的简单相加。课堂教学变得不再单薄，而是将语言和专业课程乃至语言教师和专业教师都结合成一体。目前国外比较流行的双语课程教学模式主要有以下几种，其中不乏可为我所用和已为我所用之处：

1. 以专业内容为基础的语言教学（content-based language instruction），又称跨课程语言教学（language across the curriculum）。这是第二语言教师、双语教师或外语教师采用与专业相关的教材、教学目的及课堂教学法作为培养语言、专业、认知以及学习方法的渠道。在这里，第二语言（外语）成为数学、科学、社会科学及其他各学科的教学工具。该课程可由语言教师开设或语言和专业教师共同开设。

2. 庇护式专业教学（sheltered subject matter teaching）。这是指将专业文本或教材的语言、语言教师所熟悉的演示、可视教具、图形方式以及小组活动等教学法稍作变动以使教学更容易为不同英语水准的学生所接受。课程可由专业教师担任，也可由具有其他专业领域知识的语言教师来担任。这种教学模式适用于已经达到基础英语更高要求的学生参加 A 级双语教师的课程学习。

3. 以主题为基础的教学法（theme-based language instruction）。这种语言教学法的目的是通过利用有趣的和相关的内容培养一般的专业语言技巧。这一模式现已被我国基础阶段大学英语教材所普遍采用。笔者认为这种模式为发展过渡式专业语言教学打下了基础。但限于生员质量和分级教学渗透力的不足，涉及各个主题而每个主题只能泛泛而谈，这种模式还将持续一段时间。随着分级教学的逐步完善，教材编写的主题性也应当更加专业化。

4. 辅助教学模式（adjunct model）。这是指在有条件的地方让第二语言学生与母语学生同班学习专业课的一种模式。课程以专业为基础由语言教师和专业教师共同承担，但教学重心有所侧重。语言教师强调语言技能，如专业阅读或写作；专业教师则重在阐释专业术语的概念。该模式要求语言教师和专业教师的通力合作，通常情况下意味着语言教师必须熟悉专业内容。

5. 认知专业语言学习法（cognitive academic language learning approach，以下简称 CALLA）。该模式将语言、专业和学习方法的传授融为一体。CALLA 的目标在于让学生学习基本的专业内容并掌握若干学习方法。有些 CALLA 鼓励学生把所学知识联系到学习中,培养在社会上与他人成功合作的能力以及评估自己学习绩效并为将来更有效、更独立的学习制订计划。(Chamot & O'Malley,1994:1)这种方法特别适合处于从基础英语向专业英语过渡阶段的各种语言水准的学生。

由以上教学模式可以得知,双语教学课程首先需要教师对该语言的知识结构以及蕴藏于其中的深厚的文化底蕴具有比较深入的了解和研究;其次,教师必须了解本专业研究人员的思维方式取向和写作手法。更重要的是教师必须对本专业知识具有深入的了解,包括国内外研究动态、横向和纵向比较研究以及最新发展方向。

除了宏观的教学模式以外,双语教学的建设还应探索哪些教学方法适合于上述5种模式。笔者主张应当进行小班教学,这样就使得合作学习模式的进一步展开成为可能。合作学习模式旨在鼓励学生进行交流,分享见解乃至共同建设知识库。这种模式已经逐渐为基础英语教师所采用,但双语课程尚未实行,究其原因,主要是因为我国对本科的专业课一向实行大班教学。

任务型或实践型教学法则是为学生提供合适的材料,在培养其思维能力和研究能力的同时进一步培养其语言能力和专业能力。学生可以一边学,一边做,这一方法较适用于理、工科学生。

此外,"整体语言教学法"(whole language approach)已逐渐发展到涵盖了"合作学习、由学生参与的教学、以学生为中心、对学习社团的集中关注、语言的社会性、真实自然环境下的语言使用、以意义为中心的语言学习和整体的、非常规的评估技巧"等一系列的教学方法(Brown,1994)。这一原本着重探讨语言教学法的概念也同样适合于双语教学过程。

四、厦门大学双语课程模式建设展望

如何实现基础英语教学和双语课程教学的顺利衔接,教学管理层将面临以下几个方面的问题:双语课程教学师资的统筹与培养,建立和维持教师员工之间的交流机制,寻求上下支持以及双语课程计划的具体实施所需的硬件和软件支持。

大学英语教学改革和双语课程建设共同面临的一大问题是教学管理缺位。这一问题具体体现在硬件提供和软件建设两个方面。比如,目前基础英语教材已基本实现了向多媒体教学(含教学光盘和教学网络)模式转化的要求。课堂教学使用多媒体教室已经相当普及,可是有些学校却无法为学生提供课外学习所需的设备。这不仅为学生的课前预习和课后复习带来巨大不便(拥有个人电脑的学生目前毕竟还只是极少数),同时使得教师的教学安排变得被动,教学模式创新的启动变得不可能。

软件建设包括课程设置和课程安排两个方面。无疑,英语作为全校性公共课,其课程安排牵一发而动全身，这确实给教务管理带来巨大困难。但是，如果将课程设置与课程安排相配套进行，这一问题可望得到解决。因为除了少数几个系（如厦门大学哲学、社会学，以及亚欧语系的几个语种）以外，极大多数院系都有两个以上的班级，这就使得基础阶段和双语专业教学阶段的分级教学不断线成为可能。对于在两年内提早达到较高要求的学生，不必要求他们一定要修满四个学期的基础英语成绩，而应鼓励其选修跨文化交际、阅读技巧培养以及写作等课程或较基础的专业英语课程，以便为三、四年级的双语教学做好充分准备。

随着英语学习的早龄化，大学英语教学必须马不停蹄地进行重大改革。显然，大学英语教师开设各类适合学生要求的选修课成为先决条件。笔者认为，厦门大学管理层应从现在开始，加大英语教学开设选修课的力度，这首先要从扩大开设范围和增强激励机制等入手。厦门大学目前的情况是：由于大学英语教师普遍担负着沉重的基础英语课业，同时学校又没有建立鼓励外语教学部教师开设选修课的激励机制，因此，尽管加强选修课建设的提法长期存在，可是至今尚无法推行。这项工作的开展给教学管理单位提出巨大挑战，同时也正是其提高教学管理水平的一次重大机遇。

参考文献:

[1] Brown, H. D., 1994. Teaching by Principles: An Interactive Approach to Language Pedagogy [M]. NJ: Prentice Hall Regents, Prentice Hall INC.

[2] Chamot, A. U. & J. M. O'Malley, 1994. CALLA Handbook: Implementing the Cognitive Academic Language Learning Approach. Reading[M]. MA: Addison-Wesley.

[3] Crandall, J., 1994. Content-Centered Language Learning[J]. Digest, 1.

[4]《大学英语教学大纲》修订工作组，1999. 大学英语教学大纲 [M]. 上海：上海外语教育出版社，高等教育出版社。

[5] 厦门大学教务处，2003 年 12 月 5 日 . 关于启动"本科双语教学课程"建设计划的通知 . http：// jwc.xmu.edu.cn.

[6] 中华人民共和国教育部，2001. 关于加强高等学校本科教学工作提高教学质量的若干意见（〔2001〕4 号文件）[EB/OL]. http://old.moe.gov.cn/publicfiles/business/htmlfiles/ moe/moe_309/200412/ 4682.html.

[7] 中华人民共和国教育部，2004. 大学英语课程教学要求 [EB/OL]. http://www.moe.gov.cn/s78/A08/ moe_734/201001/t20100129_729.html.

高校学生 ESP 交际能力培养机制探析 *

一、引言

外语教学法随着语言学理论和社会经济形态的发展和变迁而经历了语法翻译法、听说法、交际教学法等模式的发展过程。"交际革命"发生于经历了风起云涌之后的 20 世纪 60 年代的欧洲，因此也可以看作一场社会变革。"交际能力"（communicative competence）一词是 Dell Hymes 于 1966 年基于对乔姆斯基关于语言能力和语言行为理论框架的不足进行批评之后提出的概念。此后形成的交际教学法则是针对当时人们推崇的死记语法的条条框框以及对缺乏上下文的句子作字面翻译的传统教学法提出挑战后形成的新的教学法，同时也是对所谓"练习攻克法"（drill and kill）提出质疑后树起的新论。

交际教学法从 20 世纪 70 年代开始引进到我国外语教学中，但在我国真正得到普遍应用则始于 90 年代。交际教学法的应用可以说给我国的大学英语教育带来了一场革命。综观各时期制定的大学英语教学目标，从"培养学生具有较强的阅读能力，一定的听的能力和初步的写和说的能力，使学生能以英语为工具，多渠道地获取本专业所需的信息"（《大学英语教学大纲》，1986），到"培养学生具有较强的阅读能力和一定的听、说、写、译能力，能用英语交流信息"（《大学英语教学大纲》，1999），再到"培养学生的英语综合应用能力，特别是听说能力，使他们在今后学习、工作和社会交往中能用英语有效地进行交际，同时增强其自主学习能力，提高综合文化素养，以适应我国社会发展和国际交流的需要"（《大学英语课程教学要求》，2007），无不打上交际教学法的烙印，其中最令人瞩目的变化在于"从培养学生具有较强的阅读能力"到"培养学生的综合应用能力，特别是听说能力"。这一变化旨在适应英语日益成为我国社会经济各个领域的日常国际交往语言的现实需求。显然该目标的提出为交际教学法找到了最佳的诠释：从课堂教学来看，教师在教学中的角色从灌输者到以学生为中心的引导者，使得语言不再只是枯燥乏味的语法的条条框框，而是师生之间、学生之间互动的鲜活的素材；从教材的编写来看，从 1999 年春外语教学与研究出版社出版《新编大学英语》开始，几乎所有大学英语教材都陆续走向"以主题为中心"。

笔者以"交际教学法"为关键词，以 1980 ～ 2011 年为搜索范围，在 CNKI 中共

* 本文为厦门大学基础创新科研基金（项目批号：201122G005）的阶段性成果。

搜索到959篇关于交际教学法的论文。其中绝大多数文章或深或浅地分析了如何将交际教学法应用于外语教学的各个环节，而探讨交际教学法不足的文章只有10篇左右，且都停留于通用英语层面。1995年之后外语类刊物刊登交际教学法的论文就逐渐减少，2000～2010年10年间只见《国外外语教学》、《广东外语外贸大学学报》、《外语界》、《外语与外语教学》和《中国外语》等刊物少量刊登探讨交际教学法存在问题的文章。那么，是交际教学法在我国已经走向成熟，还是此路不通了？

实际上，交际教学法在我国外语教学中的运用一直处于"犹抱琵琶半遮面"的状态。一方面，凡言外语教学必称交际，否则就显得过时、落后；另一方面，由于各类考试强有力的指挥棒作用，交际教学模式在实际使用中往往成为华而不实的点缀物。无疑，交际教学法面临着如何向纵深发展的瓶颈问题。本文拟首先回顾交际教学理论的提出和发展过程，揭示其在应用过程中出现的问题，并提出其在我国大学英语教育背景下向纵深发展的作用机制，以实现交际能力的培养从"怎么看"到"怎么办"的转变。

二、交际教学法要义回顾

Hymes（1972）提出的交际能力包括知道何时该说、何时不该说，对谁说，说什么，怎么说，即运用语言进行社会交往的能力。他的SPEAKING模型——背景和场景（setting and scene）、参与者（participants）、交际目的（ends）、行为序列（act sequence）、格调（key）、手段（instrumentalities）、规范（norms）、体裁（genre）——基本上涵盖了交际活动涉及的所有要素。他用以下几个参数来描述和衡量交际能力：

1. 语法性（grammaticality），指某话语在形式上是否（以及在多大程度上）可能，即通过包括语法、语音、词汇等在内的语言系统本身来判断某种说法是否正确。

2. 可行性（feasibility），指某话语在实际使用时是否（以及在多大程度上）可行。比如 She liked the man that visited the jeweler that made the ring that won the prize that was given at the fair 一句虽然在语法上正确，但是过多的内嵌成分使得说话者和听话者处理起来十分困难，因此在实际语言运用中是不可行的。

3. 得体性（appropriateness），指某话语在语境中是否（以及在多大程度上）得体，也就是"在什么场合讲什么话的能力"。

4. 现实性（done），指某话语实际上是否（以及在多大程度上）出现，即了解哪些话语是常用的。（1972：281）

这意味着，语言能力并不等于交际能力，语言知识也不等于语言运用。外语教学的目的不仅限于传授语言知识，还在于培养学生在不同场合运用语言知识与不同对象进行有效交际的能力。

该理论提出后，不少学者对其内容进行了补充和修正。比如，近三十年来诸 多 学 者（Canale & Swain，1980；Yalden，1983；Morrow，1981；Brown，2001；McDonough & Shaw，2003）对交际能力的描述已经纷纷从 Hymes 的实证性问题转到理想化教学原则上来。他们关注的是"应当把哪些信息或内容归入课程以及在课堂上应如何处理这些内容"，而这一转向是"集体的、日积月累的、而且极有可能还是无意识的过程"（Leung，2005：124）。

具体来看 Canale 和 Swain（1980）把交际能力分解为以下四种要素：（1）语法能力：词语和规则，（2）社会语言能力：得体性，（3）话语能力：粘连和连贯，（4）策略能力：交际策略的恰当使用。

Yalden（1983）认为应当把学习目的、使用目标语的场景、学习者可能参与的交际事件列入教学大纲；Morrow（1981）建议把焦点放在教学生"怎样做"而不是讲解语法形式上，促进培养学生在真实环境中使用真实的目标语进行交际的能力，鼓励在课堂上复制真实的交际过程以便学生积极使用目标语；Brown（2001：43）认为交际教学法应包括如下内容：关注交际能力的各个要素，促使学习者有意义地发挥语言的功用，而不是充当一个"怎么看"的旁观者，同时把教师定位为推动者（facilitator）和指导者的角色。Brown 的这一论述已经活脱脱地把培养学生 ESP 交际能力的目标摆在了我们面前。

三、交际教学法的应用：现状与问题

从整个语言教学环境来看，从"语言能力"到"交际能力"表明了语言学习目标和学习模式的转向，即从以结构语言学及行为心理学为理论基础的听说法转移到交际能力法。后者采用的多是对话与互动的教学模式，旨在培养非母语者和母语者之间进行交流以追求社会经济目标的能力。

可是在以"实用"为学习外语的主流因素影响下，交际能力被简化为能迅速有效地交换信息并解决问题，完成布置的任务，并产生可测度的结果。迫于急功近利的"效果"，外语教育也或多或少从原先作为通过提高交际能力实现社会经济目标的通识教育学科而被工具化。语言能力被看作其他学科的辅助工具，甚至被列为现代人必须掌握的三大技能之一，即"开车、使用电脑和说英语"。这种情形使语言教育在通识教育中的地位变得岌岌可危。

近年来不少学者指出交际教学法的致命伤在于该方法没有把语言教学的语境和情境考虑在内。交际法从产生到"一枝独秀"，已经滋长出一种所谓的"交际教学法态度"（Bax，2003：280）。

毫无疑问，交际教学法只是众多语言学习方法的一种。它既不是唯一的，也不

是独善其身的。语言教学过程除了涉及教学方法外，更主要的还是对语言系统本身的掌握，而这包括词汇学习以及语法翻译等其他各种教学模式的兼顾使用。胡壮麟（2009：7）指出，目前的交际教学法忽视了少儿学英语和青少年及成人学英语的区别："后者要学的知识很多，整天'听说唱游做'时间上赔不起，也没有到处使用外语的环境，而他们的优势是逻辑思维能力提高了，抓住语法发挥了他们的强项。"虽然交际教学法并非简单的"听说唱游做"这样的"小玩闹"，可是在语言教学中不宜让交际教学模式独领风骚而应考虑多种模式的综合应用，这应是无可辩驳的事实。

反观我国大学英语教学的现状，提倡交际教学法确实使得课堂上师生间互动和学生间互动的机会大大增加。可是，我国高校的大学英语仍然普遍实行大班教学，交际法不可避免地使得课堂组织出现松散的局面。一些学生由于习惯了中学的满堂灌，对于课堂内的"交际活动"感到厌烦，认为"有些活动显得很幼稚，课堂上学不到新的东西，甚至把高中所学的知识都忘了"，所以部分学生采取课堂不合作行为或干脆逃课。问及学生什么是"新学到的东西"，答案是"多掌握一些生词、惯用法及新的语法结构"等，认为这样才有立竿见影的效果和成就感。加上目前大学英语教学的内容仍是通用英语，内容与高中英语出现大量重复，且与高校目前已经普遍开设的双语课程或国际化班级的英语为媒介的授课内容毫无关联，学生的厌烦也就情有可原了。

Schulz（2006）指出，以交际能力为教学目的的做法并非不值得推荐，只是把它作为大学外语教育的目标既不现实也不充分，我们必须寻求能让学习者对语言文化的异同获得深刻洞察力的方法。作为语言工作者，我们要做的就是把这些目标和教学中的语言使用相结合。对于大学生，其学习目标包括批判性思维、解决问题、获取广泛的关于世界的知识、培养跨文化意识以及对语言和文化的认知及元认知能力，形成正确态度以适应民主社会的生活并为该社会做贡献。交际方法尽管也能勉为其难地完成其中一些目标，可是却远远难以达到完满的程度。交际法强调如何获得实际生活中正确使用语言的技能，这并没有错。可是，课程设置的目标、教材的编写以及对外语要求的评估，则必须设在高于"生存语言"的水平。

四、ESP 交际教学法向何处去：路径与框架

基于以上所揭示的交际教学法现存的问题，我们有必要对交际能力进行重新诠释。这就需要我们重新审视我国的大学英语教育目标和方法。首先，英语学习者要解决的并非单纯的如何完成交际任务，而是该任务的实质和目的是什么的问题。为了使大学英语教育不停留在"能够在英语国家生存"的低水准上，其教学目标还应包括服务于整个大学课程中其他学科的内容。这就把交际能力的培养目标推向更

高一级的层次，我们把这称为 ESP 交际能力，而实现这一能力的途径最切实可行的方法则非"内容型教学法"莫属。

内容型教学法是基于 Hymes 的交际能力理论和 Halliday 的功能语言学理论产生的一种新的教学理论。这一概念最早由 Chamot 和 O'Malley 于 1986 年提出。其要义在于：以认知科学的研究成果为基础，以专业学习和语言习得为双重目的，将专业语言开发、专业内容教育和明确的学习方法教育融为一体。认知科学认为，认知结构影响语言学习。人类的一切智力活动，诸如思考、交际、解决问题、学习等等，无不是既需要过程也需要内容（即知识）的。（1994：1）

Krashen（1983）认为，当学习条件与母语的习得条件相同时，第二语言 / 外语的学习效果可以达到最佳。这些条件包括以意义而非形式教学为重心（meaning-focused vs. form-based）、语言输入与学习者的水平相当或略高以及在一个相对没有焦虑的环境下有足够的机会有意义地使用该语言。（Crandall, 1994）这意味着，第二语言 / 外语教学的重心应放在学习有意义的事物，如专业内容，同时将与专业相关的材料稍作润饰，以使其能够起到语言习得和专业学习有机融合的双重作用。（Schütz, 2007）

内容型教学法要求第二语言教师、双语教师或外语教师采用与专业相关的教材、教学目的及课堂教学法作为培养语言、专业、认知能力以及学习方法的渠道。在这里，第二语言 / 外语成为自然科学和人文社会科学及其他各学科的教学工具。该课程可由语言教师开设或语言和专业教师共同开设。

Seaffar（2006）指出，学生如果没有内容可交流，他们就无法交流。对交流的评估可用成功或失败来衡量，而如果不考虑交流的内容和情境，这种评估就无法进行；同时他还指出，内容型教学应实现和语言教育的融合。而要让内容型教学法真正得以实施，就必须有语言教师和专业教师的通力合作，互相听课，找出目前教学模式中存在的问题，并共同设定更高的外语教学目标。这种课程目标的设置需要的是双方实质意义上的合作。可是目前的情况是，不论是在国内还是国外，由于各种因素形成的学科樊篱难以跨越，所以这样的合作实际上很少发生。如果能把对听、读、写、思考和学术交流能力的培养贯穿于外语学习的整个过程，包括从初学一直到研究生阶段，那么交际能力就会被赋予全新的意义。

20 世纪 80 年代早期，应交际教学法的提出，美国外语教育委员会（the American Council on the Teaching of Foreign Languages，ACTFL）出台了外语教育标准，尤其对交际能力的衡量标准做了比较明确的规定。1996 年 ACTFL 更是推出《外语学习国家标准：通向 21 世纪》（以下简称《国标》），以"交际（communication）、文化（cultures）、连通（connections）、比较（comparisons）和社区（communities）"（5C）为外语学习的"最高纲领"。该标准反对孤立口语的交际能力且只突出口语交际能力的做法，指出应同时重视书面和口头语言能力。《国标》强调"内容"型教学，把语言看作吸收观点和知识，甚至创造知识的途径，并强调指出，没有语言书写能力就不算真正掌握了该语言。Steinhart（2006）分析指出，只要交际能力真正符合5C中规定的标准，与学术、职业以及终身学习所要求的内容相关，那么我们尽可以把交际能力看作语言教学的长期目标。

　　基于以上思考，我们认为应当把高校非英语专业的大学英语教学看作一个系统工程，形成大学阶段英语教育的长效机制。我们可以从大学英语教学改革和双语教学的普及性着手，构建以跨课程语言教学（language across the curriculum，LAC）或内容型教学模式（content-based instruction，CBI）为路径的ESP课程，把大学英语和双语课程顺利衔接起来，把培养学生的ESP交际能力这一教学目标贯穿于整个大学阶段的英语教学过程中。

　　近年来，国内关于ESP课程的研究可谓遍地开花。北京外语教学与研究出版社2010年初《中国ESP研究》的创刊、同年夏天该出版社举办的"中国ESP研究高端论坛"以及年底上海外语教育出版社在南京以"大学英语教学面临的挑战和机遇"为主题举办的首届院长/系主任高级论坛等把各界对这一问题的关注推向了高潮，而于2008年五月下旬成立于中国外语教学研究会的专门用途英语专业委员会则可谓标志着ESP学科地位的正式确立。其中该论题研究成果卓著的蔡基刚（2010）从宏观到微观分别就ESP课程设置的意义及依据、制约因素、学术英语和专业英语之辨等提出了精到的见解。此外，王艳（2011）就ESP教材的编写原则做了细致入微的探讨。

　　从具体操作过程来看，LAC/CBI课程的设置应以大学英语课程结束时学生的英语水平为标准，采取选修或分级教学的模式，由具有一定专业基础的语言教师在各院系开设。目前已有不少高校的大学英语教师在非英语专业院系攻读跨专业博士学位。这本是各高校一种不可多得的人力资源，可是，与前几年鼓励跨学科研究的政策背道而驰的是，近年来却有诸多高校明文规定不允许高校在职教师攻读跨专业博士学位。我们认为，考虑到现状，校方与其限制还不如鼓励这些教师尤其是公共英语教师自主转型，开设与专业相关的选修课，加强语言教师和专业教师之间的交流合作，并视试点效果及社会需求分析结果决定是否在全校范围内铺开。该思路的基本要义如下：

　　1. 大学通用英语课程、ESP课程、双语课程是高校本科英语教育这一系统工程的三个子系统；

　　2. ESP课程是大学英语和双语课程之间的桥梁，是解决大学英语和双语课程脱节问题的重要出路，该子系统的建设以前者为基础，以后者为发展方向；

　　3. 绩效评价机制和过程质量管理是确保高校英语教学全程效果的制度保证；

4. 整合现有师资和加强师资培养是实现高校英语教育目标的人才保证。

此外,作为大学英语教育系统工程的重要环节,ESP 课程的建设还需高校教学管理层解决如下问题:教学师资的统筹与培养,建立和维持语言教师和专业教师之间的交流机制和灵活的人员流动及聘用机制,对开设该类课程教师的硬件、软件支持和激励机制等。目前国内各外语专业院校在这一方面的改革步伐已经远远走在了综合性大学的前面,笔者认为这是由于后者在管理层面上尚未形成合适的运行机制所致(如图 1)。

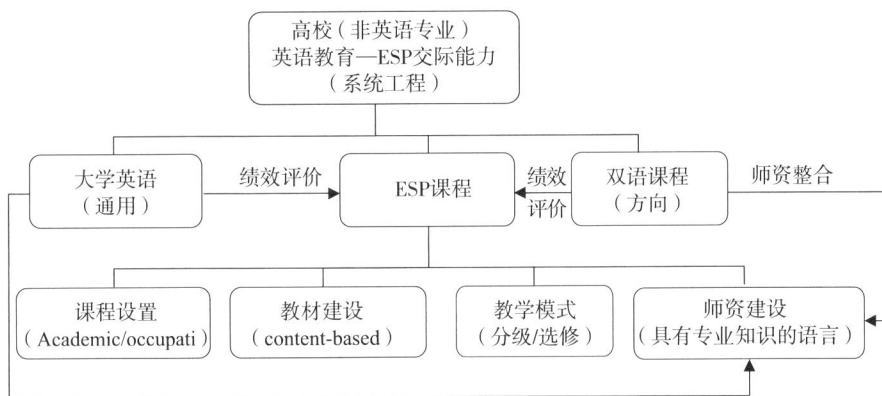

图 1　高校非英语专业英语教育系统工程

五、结语

在交际教学法提出后的若干年里,其他许多教学理论的发展一度陷入停滞,这种过热的发展趋势同时也掩盖了该理论存在的若干问题。本文认为在当前 ESP 课程改革背景下,不仅应该厘清交际能力的内涵与外延,更应该将切实提高学生的 ESP 交际能力作为首要任务。本文的理论模型提供了该研究的最新成果和应对之策,相信其在未来和实际教学的磨合中将会得到不断地发展与补充。

参考文献:

[1] Bax, S., 2003. The end of CLT: a context approach to language teaching[J]. ELT Journal, 57 (3): 278-287.

[2] Brown, H., 2000. Principles of Language Learning and Teaching (4th edition) [M]. White Plains, NY: Pearson Education (Longman).

[3] Canale, M. and M. Swain, 1980. Theoretical bases of communicative approaches to second language teaching and testing[J]. Applied Linguistics, 1(1): 1-47.

[4] Chamot, A. & J. O'Malley, 1994. CALLA Handbook: Implementing the Cognitive Academic Language

Learning Approach [M]. Reading, MA: Addison-Wesley.

[5] Crandall, J., 1994. Content-centered language learning[J/OL] Eric Digest. Available at http: //www.ericdigests.org/1994/content.htm.

[6] Hymes, D., 1972. On communicative competence[A]. In J. Pride & J. Holmes (eds.), Sociolinguistics[C]. Harmondsworth: Penguin.

[7] Morrow, K., 1981. Principles of communicative methodology[A]. In K. Johnson and K. Morrow (eds.), Communication in Classroom[C]. Harlow, UK: Longman.

[8] Schulz, R., 2006. Reevaluating communicative competence as a major goal in postsecondary language requirement courses[J]. Modern Language Journal, 90(2): 252-255.

[9] Schütz, R., 2007. Stephen Krashen's theory of second language acquisition[EB/OL]. Available at http: //www.sk.com.br/sk-krash.html.

[10] Seaffar, J., 2006. Terminology and its discontents: Some caveats about communicative competence[J]. Modern Language Journal, 90(2): 246-249.

[11] Steinhart, M., 2006. Breaching the artificial barrier between communicative competence and content[J]. Modern Language Journal, 90(2): 258-262 .

[12] Yalden, J., 1983. The Communicative Syllabus: Evolution, Design and Implementation[M]. Oxford: Pergamon.

[13] 蔡基刚, 2010. 关于我国大学英语教学重新定位的思考 [J]. 外语教学与研究, 42(4): 306-308.

[14] 蔡基刚, 2010. 制约我国大学英语教学方向转移的因素分析 [J]. 外语研究, 120(2): 40-46.

[15] 蔡基刚, 廖雷朝, 2010. 学术英语还是专业英语——我国大学 ESP 教学重新定位思考 [J]. 外语教学, 31(6): 47-51.

[16] 蔡基刚, 2010. 后大学英语教改依据与对策研究 [J]. 外语电化教学, 133(3): 3-11.

[17] 胡壮麟, 2009. 中国外语教育六十年有感 [J]. 中国外语, 31(5): 5-10.

[18] 王艳, 2011. 对我国 ESP 教材编写原则的探讨 [J]. 中国外语, 40(2): 75-81.

研究生公共英语 2+2 课程模式的构建与思考 *

一、引言

这是一个全球化的时代。置身于地球村里，人才、资本、物质、科技与文化无时无刻不在国际间流动着。因此，不论是普罗大众，抑或是高精尖人才，作为世界通用语的英语必定是他们进行国际交流必不可少的一座桥梁。而国际化人才的培养更是对各学段学生英语水平的提高提出了全方位的要求。

近十几年来，厦门大学一直在朝着"世界知名的高水平研究型大学"这一目标不断靠近，其国际化办学的理念在时间和空间上都呈现出强烈的扩展势头。为此，研究生院于 2015 年春天提出深化研究生公共英语课程改革的要求。笔者根据高层的建议构架出一个大体的思路后，组织有关教师对课程内容进行深入探讨，并紧锣密鼓地对教材内容的组织狠抓落实，从而得以在当年顺利地全面推开了新的课程模式。本文拟简要回顾该课程改革的动因，对新的课程模式进行梳理和描述，并提出下一步的改革思路和建议，以期在推进过程中得到方家指正，从而不断发展和完善我校的研究生公共英语课程建设。

二、研究生公共英语课程现状

目前的全国研究生公共英语教育主要还是以教育部 1992 年颁发的《非外语专业研究生外语教学大纲》为依据，其教学对象为非外语专业的硕博士研究生，其宗旨是"为了使学生掌握外语这门工具，进行本专业的学习、研究与国际交流。"《大纲》提出"在教学中要坚持从实际出发、学以致用的原则，培养和提高研究生运用外语的能力"的教学理念。此后至今未见新的关于研究生公共英语课程的统领性纲要出台。而在同一时期，本科大学英语课程的教学大纲则从 1999 年开始就已历经三次大修订，每次修订后的培养目标都与时代的需求和实际相吻合：从 1999 年的"培养学生具有较强的阅读能力和一定的听说读写能力，使他们能用英语交流信息"到 2007 年的"培养学生的英语综合应用能力，特别是听说能力，使他们在今后学习、工作和社会交往中能用英语有效地进行交际，同时增强其自主学习能力，提高综合文化素养，以适应我国社会发展和国际交流的需要"再到 2015 年的"培养学生的英语

* 本文为 2015 年教育部学术学位品牌课程建设项目"研究生英语"的阶段性研究成果，感谢外语教学部研究生公共英语教研室全体师生参与问卷调查和数据统计。

应用能力，增强跨文化交际意识和交际能力，同时发展自主学习能力，提高综合文化素养，使他们在学习、生活、社会交往和未来工作中能够有效地使用英语，满足国家、社会、学校和个人发展的需要"。由此可见，研究生公共英语与同时期的本科英语教育相比已经大大滞后。研究生公共英语课程的教学模式和教学目标已经到了非改不可的地步。

研究生英语是厦门大学非英语专业硕士及博士研究生的必修课，由外文学院外语教学部研究生公共英语教研室的中国教师及外教承担。此前，学校每年开设的具体课程会随着不同时期对实用英语的要求以及师资配备的情况而有所调整和改进。其中，实用英语模块整合集体资源，在综合英语的基础上，以提高学生的实际应用水平为目标，曾先后开设 Public Speaking、Effective Presentations、Western Civilization and Oral English、Successful Practical Writing、Business English、Business Writing 等课程。应该说，该课程模块涵盖了英语听说读写译各个方面的技能培养，全方位地帮助提高阶段的研究生真正掌握实用的英语技能，积极主动地提高英语的综合水平，使他们在以后的学习和工作中享受到英语学习带来的实际效果。

实用英语课程配备有较权威的教学参考书以及体现培养目标与要求的自编教材和自编多媒体课件。在教学方式方法上，采取小班教学（每班人数不超过 35 人），积极运用现代教育技术和手段，根据英语的特点采取内容型教学法和任务型教学法，采用启发式、研讨式教学法、情景教学法、学生自主演讲和提问等多样化互动式教学方法，以学生为中心，突出实践性和实用性，积极调动研究生英语学习的主动性和兴趣。该课程模块常用的教学方法主要包括：

（1）启发式教学法——利用多媒体教学的同时，鼓励学生自主学习，给学生设置题目，让学生利用各种资源和学习材料，找到解决问题的答案，启发学生更深层次地学习英语及英语国家的文化。

（2）研讨式教学法——部分教学内容采取课前让学生预习，并让学生分组准备，在课堂上采取辩论研讨的方式，师生互动、生生互动，最后由教师系统讲述和点评，达到预期的教学目标。

（3）情景教学法——根据英语学习的特点，在课堂上设置一定的情景，让学生在假设的情景中模拟真正的英语环境，习得符合英语习惯和场合的地道英语。

（4）任务型教学法——根据学生专业的不同要求，在课堂上指导各个专业的学生根据本学科的特点及学习阶段设计真实的任务，比如撰写实验报告、调查报告、研究报告等，指导学生分阶段实施。这样，在完成英语学习的同时，又完成了本学科的真实任务，极大地调动了学生学习英语的积极性。

综上可知，经过多年的探索，研究生英语课程已经建立起一个比较成熟的以学生为中心、以实用为准绳的多元化、多维度的教学模式和框架。该课程中的实用英语模块入选 2009 年校级研究生优质学位课程。但由于选修课模块的课程名目繁多，这与学校最新的研究生总体培养方案难以吻合，并成为教学管理和课程资源集中建设的不利因素。

三、学术学位研究生英语品牌课程建设方案

为确保提高研究生培养质量，厦门大学研究生院从 2014 年 9 月开始对研究生的总体培养方案做出重大调整。作为对研究生集中反映的课程太多挤压了科研和自学时间的回应，研究生院从总学分要求与总体课程质量把控两方面双管齐下，对课程进行了大幅调整。其中最明显的变化包括：全校课程总门数从 4000 余门减至 1900 余门，把硕士的总体学分要求从原来的 31～35 学分减少至 22～26 学分。顺应改革大势，从 2014 年 9 月开始，学校把博士生的外语课（含英语专业博士生的二外）改成选修课，研究生英语也相应地从原来的 4 学分缩减为 2 学分。这样一来，作为全校性必修课，研究生英语如何最大限度地集中优质资源，真正为学生提供优质的教学内容，确保减量不减质，这就必然成为公共外语教学部必须思考并着手解决的一个紧迫问题。为此，我们分步实施了以下几个方面的改革举措。

1. 设计问卷调查学生对该课程的兴趣和预期

为了解学校研究生对于英语教学的需求，以便完善研究生英语课程的设置并建构合理的教学模式，我们对 2012 级在学研究生做了问卷调查。本次调查发放问卷共 960 份，回收有效问卷 770 份。调查结果显示：57.8% 的学生认为自主学习非常有必要，58% 的学生认为在课堂教学中讨论、口语交流等互动环节是他们受益最多之处。问及学习英语的动机时，74% 的学生选择"以英语为工具，掌握更多的专业知识"，大部分的学生认为对英语的需求主要表现在用英语撰写科研论文（72%）和检索专业文献等方面（60%）。该调查为我们下一步的课程设置提供了有力的数据支撑。

2. 构建研究生英语"2+2"教学模式

针对英语学习的技能型特征，我们提出在每周 2 课时的课堂教学之外，为研究生公共英语增设每周 2 学时课外自主学习时间，并将其计入教师工作量，激励并督促教师在课外介入学生的自主学习过程，以确保其在课外完成足够的语言输入，以更好地保证课堂教学的有效性。这就是研究生英语"2+2"课程模式。该模式中，每周 2 学时的课堂教学以读写译为主，视听说为辅，另外 2 学时为学生课外自主学习时间。学生自主安排自己的学习节奏，完成老师根据题库系统布置的听读材料和作业。教师设定每周不低于 2 小时的在线答疑时间。

为确保自主学习的效果，公共外语教学部推出一系列措施对学生的自主学习过

程进行监控和评估。具体包括:(1)建立英语自主学习网络平台。该平台集自主学习、测试及评估、作业布置、辅导和管理于一体,在技术和容量上有能力满足研究生公共英语教学自主学习的需求。目前可供学生自主学习和练习的平台包括外研社 itest 测试系统、句酷作文批改网和公共外语教学部自主开发的题库系统。(2)布置充足的自主学习内容。教师根据课堂教学内容,布置相关主题的自主学习内容,如 BBC 英语新闻的听力练习或阅读文章,要求学生写出新闻主要内容、感想或就阅读内容书写感想,再到课堂上与老师、同学口头交流、分享、讨论等。(3)建立网络在线办公制度。要求每位教师建立班级 QQ 群,并指定每周不少于两小时的在线办公时间(online office hour),与学生进行互动。(4)建立严格、周密的自主学习测评体系。学生每次作业都有记录、批改。平时成绩占每门课程(包括综合英语和选修课)总成绩的40%。其中教师批改作业和课堂表现测评占30%,网上自主学习占10%。(5)相应调整课程内容。课堂教学以语言输出为主,自主学习内容以语言输入为主。以此为原则,相应调整综合英语课程内容和选修课课程设置,如增设有关国外考试、科技英语阅读与翻译等课程。

近一年的教学实践表明,课外自主学习的有效性大大提高,教学效果明显。此外,实行 2+2 课程模式之后,我部教师承担课程的机制变得更加灵活,教师根据需要和兴趣在本科生和研究生课程之间流动或直接将课程在本科生与研究生之间打通也成为可能。

3. 把研究生公共英语课程纳入学术学位研究生品牌课程建设试点项目

2015 年 4 月 2 日,研究生院陶涛院长一行来到外文学院,与外文学院有关领导就研究生英语课程改革如何进一步深化的问题做了顶层设计,并达成如下共识:

(1)教学目标:我部将打造出一门"以学生为中心、以实用为准绳、以国际学术交流和写作为主题、以听说读写为手段和目标、以课堂(互动)＋课外(自主学习)为平台"致力于培养"能独立参加国际学术会议"的研究生公共英语课程,确保最大限度地满足非英语专业研究生的英语学习目的和需求。根据这一理念,我们制定了"帮助学生提高科研、对外交流学习、参加国际会议和从事学术论文写作等所需的英语技能"的培养目标。

(2)教学内容:对现有的教学资源(含师资和教学内容)进行优化整合,围绕"实用"二字做文章,着力提升研究生在学习科研交流中英语的实际运用能力,开设多模块的公共英语课程。在有限的学分和课时内,研究生英语的教学将聚焦于学生进行国际交流和学术活动等现实需求的基本内容和基本方法。为此,我们拟出以下八大话题,并根据表 1 所示的教学计划围绕各个话题组织教学材料的收集和编写工作:

① CV/Personal Statement

② Application

③ Public Speaking

④ Introduction to International academic conference

⑤ Summary/Abstract

⑥ Literature Review

⑦ Documentation

⑧ Project-based Writing

表1　研究生英语 2+2 教学模式（以一个单元为例）

时间	课堂教学	课外自主学习
第一周	1. 布置本单元教学计划、学习目标、教学内容； 2. 详细讲解并练习本单元说写技巧	学生完成听读材料的学习并完成相关练习； 教师在线答疑
第二周	3. 围绕经预习的听读材料进行课堂互动，包括说、写练习；以及解答教师学生在论坛中比较集中的问题	教师批改相关作业； 学生进一步练习并掌握本单元说写技巧； 学生预习下一单元材料

（3）教学管理：为改变由于学生无故延期选课等导致的教学管理混乱的局面，将学校原有的层次不一的公共英语课程统一合并为一门；并规定研究生在第一学年必须修完全部研究生英语课程，保证他们有更多的时间投入到科学研究中。

（4）教学测评：为确保学生课外充足的阅读量，教师除了选取相关材料确保足够的输入外，还将对其自主学习的材料进行严格的跟踪检查和检测。加大形成性评估的力度，对平时成绩的构成作统一规定；为实现对学生课外自主学习内容的监控，该部分内容将纳入平时成绩构成或期末试卷的构成部分；终结性评估实行统一命题、统一改卷标准、改卷实行流水线作业等举措，确保其测评成绩的公平公正。

（5）拓展课程：除了完成必修课的学习之外，公共外语教学部还为需要的学生提供二外或其他通识课程选修的课程，以满足其多元化的语言能力需求。

四、结语

近30年来，在我国教育体制总体经历了轰轰烈烈改革的大背景下，研究生公共英语却走过了一段相对而言偏安一隅的时期，而今已经走到悬崖边上。因此，我们不应在该不该改的问题上踟蹰不前，而应在探索如何改和如何落实上做文章，就教学模式、教学内容、教学方法及教材建设等方面提出适合我校校情的最佳方案，为研究生公共英语走出多年停滞不前的困境而努力。

下编

认知语言学

关于认知语言学的研究始于笔者涉猎语言经济学之后。长期以来笔者目睹了各学段尤其是大学英语教育投入与产出的严重不均衡，探究其中缘由，想必是由于教师不了解人们习得语言的认知机制所致。本编主要收集了笔者与合作者在探讨并揭示认知语言学尤其是认知语义学中的几个主要概念，如原型范畴理论、概念隐喻、手势等与语言及人类行为之间密不可分的关系。其中关于原型范畴理论的研究聚焦于该理论本身所固有的一些缺陷，但鉴于其强大的解释力，笔者仍然将其用于考察现实学术生活中原型范畴理论的适切性及其不足发生时可能的修正方案等；关于概念隐喻的研究从综述揭示其心理现实性开始，进而对手势隐喻做了实证研究作为佐证；此外还对英语现在时非时间用法的认知机制以及言语行为中力动态概念系统如何作用于言语取效等问题做了相关研究。

第一部分
原型范畴理论相关研究

原型范畴理论的缺陷：基于现象学的考察

一、引言

为了认识这个世界并改变这个世界，人们就必须对世界上的事物进行范畴化。范畴不是客观存在的，而是人们在主观意识中制定的对客观事物进行划分的标准。Croft 和 Cruse（2004：75）也认为范畴具有重要作用，"至少具有学习、计划、交际和经济四个方面的功能"。同时，范畴化在揭示人类认知能力上具有重要的作用，因此认知语言学将其当作理论基础和核心问题，"无论在方法论还是在内容上，语言学与范畴化密切相关。对于我们的思维、感知、行动和语言而言，没有什么比范畴化更重要的了"（Taylor，1989：1）。

语言学家为了揭示人类语言现象中的认知规律，对范畴化理论做了较为系统和全面的研究。从亚里士多德以"充分必要条件"为核心的经典范畴学说，到近代维特根斯坦对语言游戏"家族相似性"的论述，似乎都不能圆满解决范畴化中的所有问题。直到原型理论提出后，不少人把它当作解释范畴化的黄金准则，从而在理论上和应用上都取得了丰硕的成果。Rosch（1974）最初从研究范畴特征入手，通过实验发现了原型现象的普遍存在性。原型理论认为，任何范畴内都有一个中心成员，而其他的非中心成员则是依据这一中心成员向外延伸而成的。根据 Rosch（1974）的实验调查显示，在同一范畴内，有些成员被认为比另外一些成员更具有代表性。例如，在"鸟"这一范畴中，robin（知更鸟）就比 ostrich（鸵鸟）更能代表鸟的特征。

束定芳（2008：43）指出，"原型研究一开始有两个方向：一是认知心理学上的方向，主要研究概念的结构和心理表征的方式；另外一个方向就是从语言学的角度来研究范畴化"。近年，越来越多的语言学家将原型理论应用于范畴化的研究当中。但是在其蓬勃发展的背后，原型理论的缺陷也已逐渐凸显。在国外，越来越多的语言学家对其持保留态度。Posner（1986：58）声明："虽然罗施的研究很有分量，但我对罗施与亚里士多德之战却很难有多大兴趣。"Wierzbicka（1996：167）的看法是："还不能说 Rosch 的研究对语义描写做出了多大贡献，我认为必须从语义描写而不是从语义理论来证实原型理论的应用价值。"而国内目前注意到这一问题的学者则屈指可数。基于此，本文主要探寻在将原型理论应用于范畴化的过程中该理论凸显出的如下方面的缺陷与不足：（1）在语义研究中的局限性，（2）中心成员的确定问题，（3）家族相似性的主观性问题，（4）原型效应的形成机制。

二、在语义研究中的局限性

从推动语义研究方面来看，原型理论在范畴中的作用似乎有限。这不仅仅因为它将中心成员置于研究的核心位置，而且更是因为，尽管原型性在范畴化过程中的重要性已经得到证明，但中心成员本身并不能作为解释整个范畴语义的"等价物"。例如，chair（椅子）是 furniture（家具）这一范畴的中心成员，但它却不足以解释家具的全部含义。除此之外，还可能存在两个范畴具有同一个原型成员，如果将原型视为范畴的语义解释，就很难对这两个范畴做出区分。Cruse 和 Croft（2004）的实验表明，法语单词 corde 和英语单词 rope 具有相同的中心成员，但是两者的语义却存在不同。因为实验者会认为 string 是 corde 的一种，却不会认为其属于 rope 的范畴。可见，无论是中心成员还是边缘成员都不能涵盖语义解释所需要的全部特征。所以，想对一个词语真正做出语义解释，光有原型理论远远不够。针对该不足，Violi（2000）提出应该对原型进行重新阐释。他认为，不应该把原型等同为一个具体的成员，例如上面提到的"家具"范畴，它的原型成员与"椅子"的具体材料无关，但该范畴中的每个椅子样本可能是由不同材料做成的，所以应该将原型看作一个心理意象，即抽象图式性的。换言之，某个具体的中心成员只是该原型心理意象的体现（instancing），该心理意象是由一组特征构成的概念，这样才能对语义解释起作用。因此在做语义研究时，我们应该关注的是原型成员抽象出来的特征，而不是该成员本身。可见，从具体的实例到抽象的心理意象转换是语义研究中必不可少的一步。

原型理论认为，范畴的原型成员拥有最大数量的与其他成员之间共同的特征，但拥有与邻近范畴成员最少数量的共有特征。这意味着，就特征而言，某一范畴的原型成员与其他范畴的原型成员之间的差异是最大的。但是有时这种原型效应却得不到体现。我们以反义词语义研究为例。第一类是分级反义词，其表示的性质只是相对意义上的相反，程度上的不同。比如说 hot 和 cold 可被视作两个范畴各自的原型成员，介于 hot 和 cold 之间还可以用 warm/lukewarm/cool 等词语表示温度的高低。

既然二者共享的特征最少，距离相差最大，错用的几率也应该最小，但当人们想表达 the room is too hot 的时候，出现的口误却往往是 the room is too cold。按照原型理论，两者具有各自最大的典型性，彼此最小相似性，应该最不容易犯错，但这与人们日常表达出现的语用失误不吻合。从这方面看，语义学中传统的成分分析（componential analysis）的解释力应当更占优势。因为两者可视为只相差一个语义要素，即温度的高低，而共享语义要素又太多，因此造成人们出现错误的几率大大增加。Rosch（1974：20）也认为在某些范畴（如"亲属关系"），语言学家更倾向于成分分析，因为包括它一系列明显的特征（如性别、辈份等）可以定义该范畴。

第二类是关系反义词。Lakoff（1987：133）发现隐喻中存在不对称性，他以 up 和 down 为例，它们同是空间范畴的原型成员，两者几乎可以用于任何表示相同概念的隐喻，但是在某些隐喻中却没有这种对应关系，因此原型程度仍有不同。例如，up 可以用于表示"未来"的隐喻，down 却不能用于表示"过去"的隐喻。同样 forward 和 backward，前者的原型程度大于后者，虽然按照一般经验来看，两者具有相同的原型程度。

第三类是互补反义词，两者非此即彼。如 dog/bitch、male/female、cow/bull。初看这三对词语似乎都属于同一类反义词，否定一个就等于肯定另一个。但是当它们同样作为所在范畴的中心成员时，其典型程度却可能有很大的差别，这点在标记理论中得到了体现。王铭玉（2004）提到的例子是，在标记理论中，dog 相对于 bitch 来说是无标记的，而且它本身就可以作为上义词存在，如我们可以说 The bitch is a dog。cow 虽然也作为其所在范畴内的中心成员，它的典型程度就没有那么强，因为我们不能说 The bull is a cow。但我们有时候仍然可以用这句话 There are many cows 表示一群 cow 中混有少量 bull 时的情形。而和 cow 相比，man（此处指"男人"）的无标记程度就更弱了。我们既不能认为 man 是 woman 的上义词，当一大群男人中只有一个女人的时候，也不能说"There are many men"。在这里，我们把无标记性当作中心程度的一种体现。从上面可以看出，不同范畴内中心成员（dog、cow、man）的典型程度也存在一定的差别。

三、中心成员的确定问题

原型的重要作用无可置疑，但是如何确定某些范畴内的中心成员却成了问题。不难发现，Berlin 和 Kay（1969），Rosch（1974）等人的研究都是局限于单个原型特征的范畴，并且调查都是以研究自然范畴内的实物为主，因此很容易找到一个中心成员。但是比起世界上千千万万的范畴而言，他们的研究范围很有限。Rosch（1974：36）也承认，"我相信在面对这个有形世界的时候，原型理论可以帮助人们从复杂的认知过程中解放出来。但是在其他领域，原型理论所谓的'特征'就和语义特征没有什么差别了"。因为在这些范围之外，我们经常很难描述原型效应。我们必须看到两个层次上的范畴化：客观世界和语言层面，后者往往更为复杂。比如，指示词（如 come/go）就很难找到中心成员。桂诗春（1991：36）也指出："有些复杂的语义关系，就很难说出谁是原型"。如 over，普遍认为"在……之上"是它的中心含义，但是同样表示"在……之上"，它有静态、动态之分，很难说哪一个义项是中心成员，Brugman 是以（1）The plane flew over the city（在……之上，具有动态含义）开始论述的；Taylor 则是以（2）The lamp hangs over the table（在……之上，具有静态含义）开始的（转引自王寅，2005：370-371）；而观察一些常见词典关于 over 的义项安排，可以发现：将动态义项作为开头的词典有 *Webster's Encyclopedic Unabridged Dictionary*（1996），《柯林斯合作英语词典》（2006），《英华大词典》（2001）；而以静态义项开头的词典有 *Longman Modern English Dictionary*（1976），《牛津现代英汉双解词典》（2005），《新英汉词典》（1975）；将两者不作区分归于同一义项的有 *The Oxford English Dictionary*（1989），可以看出有时很难确定一个词的原型义项。或许 Taylor（1995：99，119-121）的说法更中肯，"多义词范畴具有多原型性……只能从总体上限制一个多义范畴"。Violi（2000）则认为应该区分两种原型性：范畴原型性和语义原型性。Rosch 等人的研究主要集中在前者，但 Violi 认为后者比前者更为普遍，因为很多抽象范畴的原型性是专指语义原型性，例如表示心理状况的词语（喜悦、担心、害怕）的原型性，实际上就是其语义的原型性。

针对中心成员在某些范畴难以确定的问题，Hampton（1997：88）认为，简单概念（如颜色、形状）用原型理论解释更为可取，而复杂的概念（如"游戏等"）用特征清单理论①来解释就更合适一些。因为过于简单的范畴，特征数量有限，用这样的表征法和分类法无法确定哪种特征对于该范畴是具有关键作用，还可能造成由于两个或多个成员具有相同的特征而无法判定层级。

四、家族相似性问题

原型理论重要基础之一就是家族相似性。它认为，范畴不是因为共同特性而是

---

① 特征清单理论是指认知心理学家使用一群（一张特征清单）描述性特征来决定范畴里成员的原型程度，而且特征与特征之间相互独立。

因为成员之间重叠交叉的相似性结合在一起。范畴中的成员因其与原型的相似性而被认为是范畴的成员。可见，相似性的概念贯穿于所有的范畴化过程。原型范畴理论根据事物与原型是否存在足够的相似性来判断它是否属于该范畴。虽然这里的"足够相似性"替代了经典范畴理论中"当且仅当具有某某特征"这样的绝对概念，但是却带来了新的问题，那就是相似性的难以确定性。什么才叫做足够的相似性呢？首先，相似性具有层级性，事物的相似性有大有小，事物要不同到什么程度才能说它们不再相似。一个橙色的皮球、一个橙子和一个苹果放在一起，为什么人们总是认为橙子和苹果更为相似，即使皮球和橙子在颜色和形状上都很相似。由此可见，相似性这个概念本身就带有模糊性。其次，相似性存在于世间万事万物形成的网络关系当中，按照这一推理，最终会导致一个荒谬的结论，即任何一个范畴都可以任意地延伸到另一个范畴中，从而使得理论当中的"家族"失去意义，因为所有的事物都隶属于同一个"大家族"。

相似性难以判定在很大程度上还在于它是一个主观概念，受到观察者过去经验、文化背景以及教育知识等因素的影响。例如，对"学生"这个词的理解，对于小学生来说，受限于教育程度，他们会更多地把"学生"当作小学生的代名词，而随着他们进入中学、大学，这个词的含义也会随之变化。这说明有些事物实际上并没有固定的或内在的范畴，在区分和看待这些事物的时候，人们的主观性起了很大作用。只有当人们处于某种具体的语境中或出于某种特定的意图，而选择认为它们相似时，事物才是相似的。Lakoff（1987：60）指出，对同一事物通常有民间范畴和专业范畴两种定义。其中，民间范畴更多来源于人们平常的生活经验、对环境中事物的一般感知和互动；而专业范畴则更多来自于相关专家对其科学的界定，Armstrong等（1983）也提出人们在判别"奇数"这个概念的时候，还是倾向于以充分必要条件来定义。由此可见，经典范畴理论提出的充分必要条件在人们认识范畴的过程中也是具有心理现实性的。他进一步提出"双重表征理论"（dual representation），将经典范畴理论和原型理论结合起来解决范畴问题。既然存在两种标准，那么判定某事物是否是某一范畴成员的时候，我们应该遵循的标准就不是一成不变的了。因此，为了避免万事万物都可收纳进同一个范畴，人们通常寻求的是共同体中的相似性。只有在同一共同体中，人们才会用同一方式去看待事物，才能得到特定的相似性。

从经典范畴理论来看，事物的相似程度与它们所共有特征的数量成正比。既然特征是可以被定量描述的，那么对相似性的判断就不会受主观性的影响。单纯依靠特征数量来决定范畴，操作方法虽然比较简单，但也存在问题，因为数量不是唯一的判断标准，即使特征数量相同，不同的特征在相似性的判定上是否都起着同等的作用？答案是否定的，因为特征的重要性可能是不等的，某些特征在范畴的判定上显得更为重要。例如，就"男人"和"女人"这两个范畴而言，[MALE] 这个特征显然

比 [ANIMATE] 更重要。即使对同一特征，它的强弱大小程度也可能有所不同。比如，将"飞行能力"作为"鸟"这一范畴的一个家族相似性，其原型成员是知更鸟；而母鸡表现出来的能力比较弱，我们说知更鸟和母鸡由于共有"会飞"这一特性而相似，但这本身就预设着一种范畴，即如何定义范畴"会飞"，物体在空中要停留多少时间、要离地面多高才能被称为会飞。母鸡的飞和跳高运动员的离开地面在多大程度上相似，后者能不能算"会飞"。由此可见，即使同一特征也具有层级之分。

如果仅考虑相似性的衡量标准，亚里士多德提出的经典范畴理论的解释反而比较简单。王德春（2009）指出，"亚里士多德的理论固然有缺陷，从批判继承的角度上说，维特根斯坦的理论缺陷更多。家族相似性理论认为范畴内的成员不具有任何共同属性，这种说法失之偏颇。"Langacker（1987：371）指出，"原型是某一范畴的典型例子，其他成分是由于它们与原型相似而被吸收到该范畴中来的。范畴受到原型效应的影响，同时也存在一种适合全体成员的特征集合。"可见，家族相似性理论所谓"某一范畴内，可能找不到一种适合全体成员的特征"的说法其实是站不住脚的。维特根斯坦似乎也并没有认为"家族相似性"是适用于所有概念的，因为他并没有想提出一种适合所有概念的普遍理论。试想如果"家族相似性"适用于所有概念，那它就成了所有概念的性质，那"相似性"这个概念岂不是自相矛盾。根据以上分析可知，范畴化是一个复杂的认知过程，在这当中原型、家族相似性和共有特征相互作用、相互制约。但对于不同范畴，可能某一因素占据了主导地位。

五、原型效应的形成机制问题

Rosch 揭示了范畴中原型效应现象的存在表现，却没有阐述该机制在范畴化中是如何形成的。她（1981：81-115）认为典型性只应该从人们的判断中去定义，任何先验的分析定义都是不需要给出的。这种解释显然是不充分的。荣格（1987）从生理学和心理学角度出发，把原型称作"原始意象"，即最古老、最普遍的人类思维形式，是一种通过遗传留下来的先天倾向。Lakoff（1987）则认为原型效应起源于人们的转喻模型（metonymy model），即人们用某个子范畴、范畴成员或子模型来理解整个范畴和其他成员。普遍认为人们对某一概念的掌握在初期很可能是通过对该范畴内不同成员的"体验"，例如 tree，就是基于对不同种类的树（如 oak, pillow, palm 等）抽象而成，而其中某一个或一些成员必定会拥有最多的复现机会，而这种复现率最终导致了原型效应的产生。Smith 和 Samulson（1997）就强调过去经验的重要作用，"如果我们的经验中有一些重要的规律和形式不断重复出现，那么由于本来较弱的行为和思考形式就会成为强烈的趋势——有时强到无法轻易改变，好像是固定的了"（转引自束定芳，2008：61）。Kecskes（2006）也以词义来说明复现率对原型效应的产生具有重要作用："一个词的核心意义不是某一特定范畴所有基本特征的总和，而是该词最熟悉、最规则、最典型的使用。它不是一个纯粹的语言现象，因为它依赖语言外的一些因素，如熟悉程度、规约程度和使用频率"。例如，英语中 cool 的优先意义不是作为基本意义的"fairly cold"，而是"excellent"，原因就在于，后一意义在日常生活中使用得更加频繁。

有些语言学家把复现率用于语料库中，尝试用频率模式来解释原型效应。他们认为，使用频率最高的词是人们日常生活中最常接触到的，因此记忆程度深。复现率越高，越有可能成为原型成员；而复现率低的成员只能成为边缘成员，如 video game 就是由于复现率的提高而形成了当前的典型性。

但是复现率并不是形成原型效应的唯一原因，完全依靠复现率来解释原型效应本身就存在很多缺陷。在一些范畴中，复现率在原型成员判定上似乎起了很大的作用，如数、游戏等；而在另一些范畴中，复现率的作用却似乎不大。Rosch（1974：25）就曾警示，"高频复现率不是原型的成因，而只是原型的外部表现"。总的来看，复现率主要存在如下几个问题：（1）当范畴内的成员都不被人们所熟知的时候，复现率的作用能有多大呢？（2）复现率和范畴形成何者为先？如果说复现率决定成员原型地位，那么我们似乎就只能先规定好一个范畴，再根据复现率将成员排序，但是这显然并不符合人们学习范畴时的规律。Taylor（1995）认为，范畴的学习是基于对原型成员的掌握以及扩展，那么对原型成员的知识掌握必然是先于范畴的；（3）范畴内有些复现率最高的成员却不一定是范畴内的原型成员，如"鸡鸭"是"鸟"这个范畴里复现率最高的成员，却不是原型成员，很重要的一个原因就是鸡鸭不具有鸟类的典型特征（attributes）。假设知更鸟是由于它的复现率而成为原型成员，而之后的实验却证明当三只知更鸟放在一起时的典型性却反而不如一只知更鸟、一只鹰和一只海鸥同时出现时高。

Barsalou（1992）则认为，原型效应形成的信息来源于长时记忆，受文化或理论背景影响。一个概念可能包含大量信息，但是只有少量信息在具体情境中被用于构造原型。因此，由于不同的文化背景，人们甚至可能在相似的知识基础上建构同一概念的不同原型。他之后进行的一个实验证明了文化背景对概念形成的影响。实验结果显示，根据美国文化背景而建构的"鸟"的原型与知更鸟相似，而天鹅仅是"鸟"的中度典型例子。根据中国文化背景而建构的"鸟"的原型与天鹅非常相似，而知更鸟则很不典型。

毫无疑问，原型效应是人脑的一种机制。但是除了生理基础之外，影响它的外部因素现在看来却是复现率以及其他多种因子共同作用的结果。既然它本身的形成机制尚且不明了，那就很难将它系统地应用于范畴化的过程中。

六、结语

本文沿用认知语言学常用的现象学研究方法，从语义范畴、中心成员的确定、家族相似性、原型形成机制四个方面揭示出原型理论在范畴化中固有的缺陷。本文的研究无意否认原型理论对于范畴化研究的意义，而是意在说明，其所存在的问题是从事认知语言学研究特别是范畴化研究的学者们所必须正视的。实际上，语言学家试图将原型理论应用于语言学研究的步伐也从没有停止过，如国外语言学家 L. Coleman，P. Kay，D.A.Cruse 等人甚至提出了"原型语义学"这样的新学科。我们相信，只要对前人的研究不断扩充发展，原型理论在语言学的领地上就必然有更远大的发展前景。

参考文献：

［1］Barsalou, L. W., 1992. Cognitive Psychology: An Overview for Cognitive Scientists [M]. New Jersey: Lawrence Erlbaum Associates.

［2］Kecskes, I., 2006. *Contextual Meaning and Word Meaning*[J]. 外国语：上海外国语大学学报，165(5): 18-32.

［3］Lakoff, G. *Women, Fire and Dangerous Things: What Categories Reveal about the Mind*[M]. Chicago: University of Chicago Press, 1987.

［4］Rosch, E. H. *Human Communications: Theoretical Explorations*[M]. New York: Halsted Press, 1974.

［5］Wierzbicka, A. *Semantics: Primes and Universals* [M]. Oxford: Oxford University Press, 1996.

［6］桂诗春，1991. 实验语言学纲要 [M]. 湖南：湖南教育出版社 .

［7］荣格，1987. 冯川译 . 荣格心理学入门 [Z] . 北京：读书 · 生活 · 新知三联书店 .

［8］束定芳，2008. 认知语义学 [M]. 上海：上海外语教育出版社 .

［9］王德春，2009. 论范畴化 [J]. 解放军外国语学院学报，5.

［10］王铭玉，2004. 语言符号的标记性及其在反义词偶中的体现 [J]. 外语学刊，3.

［11］王寅，2005. 认知语言学探索 [M]. 重庆：重庆出版社 .

原型范畴理论缺陷再议

一、引言

范畴化是语言学、哲学和心理学等学科中永恒的话题。关于范畴的形成机制主要有两种理论：经典范畴理论和原型范畴理论。经典范畴理论认为，范畴是由一系列充分必要条件组成的集合体。只有满足所有条件，才能成为该集合的成员；事物属于或不属于某范畴，二者必居其一；各范畴有自己清晰的边界，范畴内成员的地位相等。原型理论则认为：范畴以原型成员为认知参照点，边缘成员根据与中心成员的家族相似性而被归入范畴；成员的地位不平等，有中心与边缘之分；范畴的边界模糊。经典范畴理论主要存在三大缺陷：（1）某些范畴很难用充分必要条件来定义；（2）成员存在地位差别；（3）无法解释范畴边界的模糊性。原型理论解决了这一系列问题，对范畴化的研究起到了重大的推动作用，同时，"从某种意义上来说，典型范畴化理论是认知语言学的基础"。（文旭，2011：2）

不过，原型理论的提出并不意味着对范畴的研究就可以一劳永逸了。国外学者对原型理论也早有证伪研究，如 Taylor（1995），Cruse 和 Croft（2004）和 Verbeemen 等（2007）。近年来，国内也有学者对，如黄月华和左双菊（2009），赵彦春和姜孟（2010）以及江桂英和李恒（2011）等。但之前的研究较少从理论本体出发追本溯源，消解思辩层面的"形而上"。本文的分析表明，不能对范畴化过程做出充分说明，主要归因于以下几个方面理论存在的缺陷：（1）研究方法，（2）家族相似性，（3）形成机制。

二、研究方法的缺陷

对原型理论的研究（Rosch，1975，1978）及其证伪研究（江桂英和李恒，2011）大多沿袭认知语言学许多论题采用的现象学方法。这种方法可能存在以下问题：（1）研究对象选取范围有限。原型范畴理论虽然也采用实证研究的方法，努力向"硬"科学靠拢，但是研究对象却大多限于对实物范畴如"鸟"等的考察。实际上，采用不完全归纳法容易导致实验结果以偏概全。（2）主观性太强。实验者对某些现象的解释大多停留在经验层面，不少实验设计已经预设了实验结果。Rosch 让受试者评估范畴内多个成员的原型程度，但受试者的答案多依靠经验和内省，不排除其回答只是对测试物熟悉度排序的可能性，因为高复现率的成员更可能具有认知凸显性从而成为原型，而能否简单地将复现率等同于原型程度本身就值得商榷。若改变实验方法，先给出范畴中的原型成员和边缘成员，再考察受试者对二者的注意力，此时后者反而具有认知凸显性。（3）理论价值大于实践价值。原型论者似乎只能提供一个大的框架，却无法为范畴成员的典型性、范畴隶属度提出量化的原则和标准。根据 Rosch 等人（1987）的调查，在家具范畴内，椅子的原型程度大于桌子，但是残缺的椅子和完整的桌子相比，后者大于前者。而残缺的椅子和台灯相比，却又是前者的典型程度更高。这种原型所要求的精确度如何才能得到量化，都是之前的实验所没有涉及到的。Rosch 等人实验中所使用的调查问卷，实际上是以语言符号代替实物，代表的都是一种理想化认知模型（ICM）。例如，webbed feet（蹼脚）是"鸭子"的原型特征，但是 Connolly 等（2007）的实验发现，受试者认为 Ducks have webbed feet 的真实度高于 Baby ducks have webbed feet。所以，在考察"鸭子"的原型特征时，首先需要确定鸭子的原型为何物，而鸭子的原型正是依靠其所拥有的特征而确定的，两者互为定义，可能陷入循环论证，也不符合认知经济性原则。世界上的万事万物，也很难符合所谓的"理想化认知模型"。因此，人们在面对这个纷繁复杂世界中的各类事物时，是否采取与简单范畴相同的认知机制，Rosch 等人语焉不详。例如，"PET FISH"（宠物鱼）的原型既不是"PET"（宠物）范畴的原型成员，也不是"FISH"（鱼）的原型成员。可以说，原型理论实际上对具有多个特征的复合范畴是无能为力的。

束定芳（2008：43）指出："原型研究一开始有两个方向：一是认知心理学上的方向，主要研究概念的结构和心理表征的方式；另外一个方向就是从语言学的角度来研究范畴化。"针对以上缺陷，我们认为要进一步完善对原型范畴的研究，也应该采取二分法，区分客观世界和语言层面两种不同的范畴化。Rosch 等人早期的实验目的在于考察客观事物的范畴化，很多时候却以语言作为证据。但是究其本质，范畴化是人类思维的一种认知机制。在语言和思维交互作用机制尚且不明的情况下，以语言代替对思维的考察，显然是失之偏颇的。因此，为了排除语言的影响，选取实物作为材料才能更好地说明问题。

此外，目前大多数原型实验中的受试者都为成年人，已基本掌握大多数范畴。因此各类实验结果很大程度上只能说明人类是依靠原型来判别范畴，即原型是范畴形成的结果，而非范畴形成的动因。既然 Rosch 等人认为原型效应是人类普遍存在的一种内在心理机制，那成人和婴儿就不应该存在差异。以颜色为例，Reiger 和 Kay（2009）的实验发现前语言时期的婴儿和成年人对焦点色的感知存在明显的差别，而并非像 Rosch 等人声称的那样，对颜色范畴中心色的认知与个体无关。这种差别性表现在，婴儿是左眼（由右半球控制）对中心色敏感，但成年后则呈现出相反的趋势。这种转变已被初步证实是受语言的影响。因此，为了更好地探究范畴化的动因，受试者可以选定前语言时期的儿童。

三、家族相似性

"家族相似性催生了原型理论，为语言科学的新时代做好了经验论的铺垫。"（赵彦春，姜孟，2010：27）Rosch 将维特根斯坦的家族相似性用于原型范畴理论，即范畴成员不具有共同特征，而是因为之间重叠交叉的相似性才结合在一起。但维特根斯坦最早阐述的家族相似性与原型范畴理论并不完全相同：前者认为家族里的各个成员地位相等，家族相似性把各成员联系在一起；而后者关注的是范畴中的成员因其与原型的相似性而被归入范畴，而相似性的差异又导致了成员地位的不同。因此前者是线性的，后者是辐射状的。例如，在词义扩展中，线性的扩展是指 A 义引申出 B 义，B 义引申出 C 义，C 义再引申出 D 义；辐射式的扩展则是以一个基本意义为中心再引申出其他义项。范畴中是否一定存在原型成员成了二者最大的分歧。两者既然扩展方向和起点都不同，这种简单的"拿来主义"是否科学，也值得商榷。

以往对二者的批评多认为家族相似性可以为原型理论提供判断标准，只不过"相似"的标准难以确定。江桂英和李恒（2011：102）指出，"'足够相似性'替代了经典范畴理论中"当且仅当具有某某特征"这样的绝对概念，但是却带来了新的问题，那就是相似性的难以确定性。什么才叫做足够的相似性呢？"本文认为，家族相似性与原型理论在范畴化过程中的运作机制从根本上就是不相容的。前者认为范畴内的各个成员之间找不到一个共有的特征，也无需以原型为中心；后者认为范畴内的所有成员都以原型成员为参照点，因此两者必然会交互作用，至少共有一个特征。由此可见，前者反对共相，而后者却在判断范畴层级时，给予共有属性非常重要的地位。进一步分析可以发现，运用家族相似性来解释原型范畴理论在本体论和认识论两方面均存在问题：

首先，在本体论方面，运作机制的不同决定了二者是在范畴的不同层次上起作用：原型不能存在于范畴的任何层级，主要是在基本层次范畴上起作用。例如，在鸟的范畴中，我们可以说知更鸟比企鹅更具有原型性。但如果在"人"这个范畴中，男人、女人、老人、年轻人、健康人和残疾人等，究竟哪个更典型呢？家族相似性则可以发生在任何层面，即使一个范畴中不存在原型效应。如以维特根斯坦的"game"（游戏）中的基本层次范畴扑克牌为例：一副扑克牌中的每个成员之间没有地位之别，也找不出原型成员，可是却因家族相似性而被归入一个范畴。认知心理学也概括出两种分别与原型和家族相似性对应的范畴化模型：（1）原型模型。该模型认为，范畴化就是将事物与原型进行比较，考察是否存在足够的相似性来决定其范畴的归属，如图 1a 所示；（2）范例模型。它认为，事物是否属于某范畴在于它跟范畴内每位成员的平均相似性,如图 1b。除这两种模型外,Verbeeman 等(2007)发现,受试者在判断某些范畴时,使用的表征模型还可能介于两者之间。例如,在对"蔬菜"和"水果"两个范畴作判断时,受试者使用的表征比范例模型的抽象程度高,却又比原型模型低,如图 1c 所示。

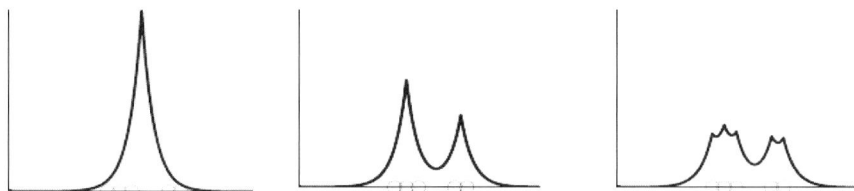

图 1a　原型模型　　　　　图 1b　范例模型　　　　　图 1c　介于二者之间可能的模型

(横轴表示"刺激位置";纵轴表示"与范畴的相似性")

　　原型在本体论上的另一个缺陷是它无法解释原型在人的认知心理中的表征机制。Rosch 对原型始终没有给出一个细化的说明,指明原型到底是指客观世界中的实物还是人们概念中的图式,抑或两者都是。如果都是,两者是否有可能又存在差异。以范畴"鸟"的原型成员知更鸟为例。这里的原型究竟指的是"欧洲知更鸟",还是某位受试者某个早上看见窗户外栖息的那只呢? 又或是知更鸟所具有的特征而非其本身才是所谓的原型? 黄月华和左双菊(2009)认为,"相似性的判断有两个不同的渠道,一是以事物的属性为判断依据,属性是对事物特征的分解;二是以事物的格式塔特征或图式为判断依据,格式塔特征或图式是对事物抽象的完形感知。"照此看来,原型既可以是事物本身,也可以是从范畴成员中概括出来的图式或特征的综合体。但是,图式和事物属性的作用孰重孰轻有时很难判断。例如,图式有时不一定能通过实例抽象出来或者说不一定存在,例如"鸟"和"家具"就不一样,人们谈论"鸟"的时候会产生心理意象;而家具却没有,似乎也抽象不出来,可能的原因是其属性过于普遍,让人忽略了它的存在。而对于斑马,黑白条纹是其原型特征,但是让受试儿童说出穿黑白条纹囚衣的人和鹿谁更像斑马时,多数受试者倾向于后者。这说明事物属性的格式塔效应在起主要作用。

　　既然原型成员不存在于所有范畴层级,那原型理论对于范畴的解释力自然先天不足,其关于范畴中所有成员都是以中心成员为参照标准来划分范畴的观点也就不攻自破。况且,即使范畴中存在原型成员,随着时代的变化,事物的原型性也会变化,如汽车、电脑、照相机的原型等都已经今非昔比了。那么当中心成员发生变化时,是否意味着以其为标准的其他成员也会发生变化呢? 根据原型范畴理论所描述的运作机制,原型成员的改变就可以引起范畴成员之间的关系发生变化。但也存在一些范畴,它们的原型成员似乎永远不会发生变化,例如颜色。这是否意味着我们应该制定双重标准来解释原型效应呢？我们认为，应当区分两种不同范畴的原型：世界本身就存在的事物和人们创造的事物。前者的原型如果会发生变化，那是因为人的认知机制发生了变化。例如，如果颜色中心色发生变化，只会是因为人体的生理构造发生了改变，而范畴本身并没有发生变化；与此不同的是，后者原型的变化通常是由于科学技术的进步等外部因素造成的变化，如电子游戏、汽车等。

原型是某一范畴的典型例子，其他成分是由于它们与原型的相似而被吸收到范畴中来。范畴固然受到原型效应的影响，但同时也存在一种适合全体成员共有特征的集合。对范畴化过程的解释远不是将家族相似性和原型性简单相加就能解决的问题。黄月华和左双菊（2009：45）认为，"在实际的范畴化过程中，无论是上位范畴，还是基本层次范畴，其范畴化的过程都是非常复杂的，都是原型、家族相似性、共有属性以及社会和文化背景等相互制约、相互作用的过程。"例如，共有属性决定范畴的边界，原型和家族相似性则决定范畴的结构。三者在范畴的认知中交叉作用但又各有侧重。

其次，原型理论在认识论方面对语义范畴的解释力有限。吴世雄和纪玉华（2004）指出了原型语义学存在的不足：（1）在不模糊的语义范畴的分析上，原型理论并不一定比传统的成分分析法更具优势；（2）对语义范畴理性内容的忽视。Talmy（2008）研究注意力系统时指出，时间表达用形容词比用时态的屈折变化表示更具有认知上的凸显性。

a. When he arrives/will arrive ...

b. On his upcoming arrival ...

如果将这两句视为同一个语义范畴，按照原型理论的观点，前者的原型性高于后者，但事实上后者却更能引起读者的注意。"少见多怪"说明人们对边缘成员的认知具有优先性。如在二语习得中，较为少见的特殊用法，学习者往往对其印象深刻，也较容易掌握。但原型理论却认为，原型成员通常具有认知上的凸显性，最容易被储存和提取，从原型成员到非原型成员，其"凸显性"等级呈递减趋势。但 Roberson 和 Davidoff（2000）重新模拟 Rosch 的实验发现，受试者对中心色的记忆并不优于非中心色。这与原型理论认为的典型成员应该更容易被记忆的认知凸显性背道而驰。这说明在范畴中，原型效应不是决定认知凸显性的唯一原因。新奇性和经济性也可能扮演重要角色。

总之，一味地强调原型在范畴中的重要作用，以及家族相似性带来的成员层级差异，将最终丧失范畴化能力。Verbeeman 等（2007）发现，即便知道了某个范畴中的原型及其所需要的特征，受试者也不能总是对一个刺激物是否应该归入该范畴做出正确的判断。这说明原型理论只能解释人们对现有范畴的记忆表征，不能说明范畴的学习机制，因为借由原型和相似性，依然无法清晰地给出一个范畴的精确定义。

四、原型效应的运作机制及其形成原因

Rosch 等人的实验更多只是揭示了原型效应存在的可能性，对其运作机制和形成原因语焉不详。目前的理论不能解释运作机制中原型程度存在差异性的原因。例如，red hair，red cheeks 和 red apples 中的"red"（红色）因为中心词的不同，人们对其产生的心理意象也存在差异。以往的学者普遍认为中心成员的原型程度相同，如图 2a 所示。但是我们现在发现，中心成员的典型程度可以在一定范围内变动（圆圈内中心的阴影部分的大小表示中心程度的可变范围），如图 2b 所示。

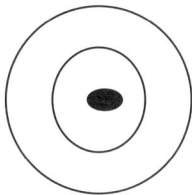

图 2a 静态中心成员原型性   图 2b 动态中心成员原型性

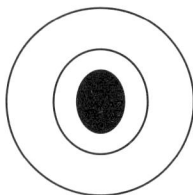

这种差异性可以解释为不同特征对原型程度的影响存在差异。根据 Bloomquist（2010）的实验，在"steal"（偷窃）这个范畴里，特征"action"（行为）比"intent"（意图）对原型程度的影响更大。即如果一个事件包含前一个特征，更容易被视作"偷窃"。而这种影响又并非是静态和孤立的，其他特征的存在可能会影响某个特征对原型程度造成的影响。

之前的研究对原型效应的形成原因也甚少涉及，或者将其存在的外部表现和形成机制混为一谈。Rosch（1978）提出了影响范畴原型判定的四个条件：（1）高复现率，（2）学习的顺序，（3）家族相似性，（4）验证速度。以第一个条件为例，Rosch（1974：25）反复宣称，"高频复现率不是原型的成因，而只是原型的外部表现"。但我们却难以从她所做的实验中得到证实。

我们认为，高频复现率不是形成原型效应的唯一原因，完全靠其解释原型效应也远远不够。复现率往往依靠以往的已超出当前语境的经验，其准确性难以评估。Barrett 等（1993）在实验中发现，受试者总是觉得鸟类中大脑体积比较大的种类拥有较好的记忆力，因此"记忆力好的鸟"这个范畴的原型程度由大脑体积所决定。但实际上，大部分受试者之前都只接触过大脑体积比较小的鸟类，因此复现率在这里不是原型的主要决定因素。受试者之所以产生这样的预期，可能的原因是：他们依据先前掌握的关于其他脑体积较大动物的知识做了不当的类推。在面对不熟悉的复杂范畴时，人们更倾向于按照该范畴各组成部分的原型来推知整个范畴的原

型，如 PET FISH，虽然这种类推往往不正确。

认知语言学中许多研究包括原型范畴理论多是基于现象学的考察，对文化因素考虑不足。原型理论揭示了人类认识范畴的一个重要规律，但是却对不同文化、不同语言中表现出来的具体差异涉猎不足，更无法解释其成因。我们认为，重视对人类认知机制的研究并不意味着对社会文化因素的忽视。Bloomquist（1993）发现，两种同样典型的偷盗行为，却可能由于偷窃对象不同而造成原型程度的差异。如果对象分别是虚弱的老妇人和冷酷无情的毒贩，人们会认为前者更典型，在这里社会道德是主导因素。Goldwater 等（2011）认为存在两种不同类型的范畴：角色支配（role-governed）范畴和基于特征（feature-based）的范畴。区别在于前者主要考虑范畴在具体环境下所扮演的角色，而对于后者，范畴拥有的具体特征是主要决定因素。以 home（家）和 house（房子）为例，前者强调其在人们生活中发挥的作用，而后者则着重于建筑结构具有的特征。在此基础上，我们认为在解释原型形成机制时，应该区分两类原型特征：角色支配范畴多由外部特征决定，如 home 的原型特征为"舒适"，是人们心中的理想（ideal）状态；另一类则多由内部特征决定，如 house 的原型特征为"拥有后院"，典型性（typicality）起主要作用。

还有语言学家认为发生率等于典型性，即事物发生的几率越高，典型性就越高（如 Gigerenzer & Hoffrage，1995）。这点似乎也符合人们的日常经验。但是 Tversky 和 Kahneman（1983）以实例驳斥了该观点：好莱坞女演员"离婚四次"这个事例显然比她"投票支持民主党"更为典型。但是前者的发生率却比后者要小，可见发生率未必等于原型性。

可见，范畴化是一个复杂的认知过程，人们会借由原型对其加以认识，但这绝不意味着仅仅依靠原型就能解释范畴化中的所有问题。根据目前的研究，该过程是多种因素共同作用的结果，人们根据不同的范畴采取不同的认知策略。这也说明，原型之于范畴是远远不够的，过度形而上地将其当作解释范畴化的唯一准则，显然是失之偏颇的。

五、结语

本文从研究方法、家族相似性和形成机制三方面揭示了原型理论在解释范畴化中固有的缺陷。原型理论虽然能从宏观角度对范畴结构做出有益的解释，但是限于其在本体论和认识论两方面的缺陷，在微观层面上它对范畴形成机制的研究存在明显不足。在原型效应形成机制探索尚且不充分的情况下，不宜将其当作范畴化的充分必要条件，否则必将落入经典范畴理论的窠臼。本文的分析表明，原型理论并非完美无缺，在很多方面尚有待进一步探索。但它的意义在于其超出了此前人类对范畴非此即彼的过度简单化的二元逻辑思考方式，让人们开始意识到范畴本质的复杂性。由此而衍生出来的每一个论题都给后世的研究者提供了有益的借鉴并且留有更大的研究空间。

参考文献：

[1] Barrett, S. E., H. Abdi, G. L. Murphy & J. M. Gallagher, 1993. Theory-based correlations and their role in children's concepts [J]. Child Development, 64 (6): 1595-1616.

[2] Bloomquist, J. 2010. Lying, cheating, and stealing: A study of categorical misdeeds [J]. Journal of Pragmatics, 42: 1595-1605.

[3] Connolly, A., C. J. A. Fodor , L. R. Gleitman & H. Gleitman, 2007. Why stereotypes don't even make good defaults[J]. Cognition, 103 (1) : 1-22.

[4] Gigerenzer, G. & U. Hoffrage, 1995. How to improve Bayesian reasoning without instruction: frequency formats [J]. Psychological Review, 102 (4): 684-704.

[5] Goldwater. M. B., Arthur B. & Markman & C. H. Stilwell, 2011. The empirical case for role-governed categories[J]. Cognition, 118 (3): 359-376.

[6] Regier, T & P. Kay, 2009. Language, thought, and color: Whorf was half right[J]. *Review Article: Trends in Cognitive Sciences,* 13(10): 439-446.

[7] Roberson, D. & J. Davidoff, 2000. The Categorical perception of colours and facial expressions: The effect of verbal interference[J]. Memory & Cognition, 28 (6): 977-986.

[8] Rosch, E., 1978. Principles of categorization[A]. In E. Rosch & Barbara Lloyd(eds.), Cognition and Categorization[C] . Hillsdale, N. J.: Lawrence Erlbaum Associates.

[9] Talmy, L., 2008. Aspects of attention in language [A]. In Peter Robinson & Nick C. Ellis(eds.), Handbook of Cognitive Linguistics and Second Language Acquisition[C]. New York: Routledge Press.

[10] Tversky, A. & D. Kahneman, 1983. Extensional vs. intuitive reasoning: The conjunction fallacy in probability judgment [J]. Psychological Review, 90 (4): 293-315.

[11] Verbeemen. T., W. Vanpaeme, S. Pattyn, G. Storms & T. Verguts, 2007. Beyond exemplars and prototypes as memory representations of natural concepts: A clustering approach[J]. *Journal of Memory and Language* 56 (4): 537-554.

[12] 黄月华, 左双菊, 2009. 原型范畴与家族相似性范畴——兼谈原型理论在认知语言学中引发的争议 [J]. 语文研究, 112(3): 27-31.

[13] 江桂英, 李恒, 2011. 原型范畴理论的缺陷——基于现象学的考察 [J]. 福建论坛, 5: 100-104.

[14] 束定芳, 2008. 认知语义学 [M]. 上海：上海外语教育出版社, 43.

[15] 文旭, 2011. 认知语言学事业 [J]. 外语与外语教学, 257(2): 1-5.

[16] 吴世雄, 纪玉华, 2004. 原型语义学：从家族相似性到理想化认知模式 [J]. 厦门大学学报, 162(2): 64.

[17] 赵彦春, 姜孟, 2010. 权重的失衡——语言学的语言游戏 [J]. 外语研究, 124(6): 27-34.

第二部分
隐喻研究

概念隐喻研究在神经科学中的新进展

——以心理现实性问题为例

一、问题的提出

Lakoff 和 Johnson（1980）在《我们赖以生存的隐喻》中提出隐喻是人类赖以生存的思维方式，这一观点在促使人类对隐喻的研究从修辞转向认知方面起到了重要作用。"他们[1] 雄心勃勃，想的是彻底改变西方哲学传统中占统治地位的'客观主义的神话'。"（陈嘉映，2003：367）然而，对概念隐喻理论持怀疑态度者大有人在。在国外有 Geeraerts（1993），Taylor（2002），Drewer（2003），Haser（2005），Mcglone（2007）和 Meteyard（2010）等；在国内则有刘正光（2001）、李秀丽（2002）、李福印（2005）、姚岚和李元江（2007）、陆俭明（2009）等。综观这些批评，大多是针对莱考夫的早期理论，尤其是对《我们赖以生存的隐喻》一书中观点的质疑。面对种种挑战，莱考夫后来的研究（1993，1999，2005，2008）对诸多质疑，如恒定原则和映射标准等理论问题都做出了回应。其中大部分的论述是具有说服力的。

随着神经科学的发展，Lakoff 等人的研究也不再囿于逻辑思辩层面的论战，而是将目光更多地转向了科学实证研究，因为隐喻中的许多问题很难依靠语言学家的自省和空想得到答案。以隐喻的心理现实性研究为例，不论褒贬，所依靠的心理实

---

① 指 Lakoff 和 Johnson，笔者注。

验材料大多缺少系统性,缺乏用来精确描述大脑心理过程的科学手段。本文结合隐喻在神经认知科学研究中的新发展,首先考察学界对 Lakoff 概念隐喻理论心理现实性的质疑,其次寻求神经科学实证对概念隐喻心理现实性的支持,最后从认识论角度出发,对神经科学研究中概念隐喻的心理现实性存在证据进行再发现,指出当前研究的不足并做出未来展望。

二、学界对概念隐喻心理现实性的质疑

Lakoff 早期发展隐喻理论时,多采用宣言式的逻辑论证,意图划清与传统隐喻修辞的界限,以证明隐喻的思维属性,却因缺乏实证研究对心理现实性问题甚少提起。而语言学对该问题的探究则大多寻求实证的支持。一般来说,隐喻研究应该遵循以下三个步骤:(1)在某种语言中将关于某个抽象概念的一系列隐喻表达总结出一个概念隐喻;(2)在其他文化中找寻该抽象概念是否使用相同的隐喻表达;(3)寻找非语言证据,即实证材料。Lakoff 等人早期的研究往往停留在第一阶段,即完全依靠直觉来确定隐喻存在的心理现实性。根据 Lakoff 的表述,在 THEORY IS BUILDING 这个隐喻中,人们之所以用"建筑"来思考"理论",是因为人们能用与"建筑"相关的表达来谈论"理论";那为什么人们能用与"建筑"相关的表达来谈论"理论",又是因为人们是用"建筑"来思考"理论",陷入循环论证的窠臼,无法清楚地论证概念隐喻存在的心理现实性,因为语言既是隐喻存在的唯一证据,同时也是唯一动因。Lakoff(1980,1987)虽然一再声称其隐喻的本质是思维,但从他的论述中却很难得到定论,因为既可以将其当作言语理解的理论也可以视为概念表征的学说。

将语言作为隐喻心理现实性存在的证据,常常给人们带来误导。Keysar 和 Bly(1995)在实验中教给两组受试者一个比较生僻的习语"the goose hangs high",但给两组的解释完全相反。一组被告知该习语的意思是"成功",另一组则为"失败"。根据概念隐喻"HAPPY IS UP"和"DEATH IS FAILURE",这两种解释似乎都行得通(该习语的正确含义是"成功")。实验结果表明,人们只会按照学习到的意思来理解该习语,对于相反的理解容忍度并不高。由此可见,概念隐喻对于隐喻表达的理解并非必需。但需要指出的是,该实验因为要求受试者按照所给含义对习语做出理解,实验者的指令可能先入为主,从而影响人们对习语的正常理解。

Glucksberg, Keysar 和 Mcglone(1992)让受试者就 Our love is a bumpy roller coaster ride 进行联想。结果受试者给出的解释均只与过山车的性质有关(例如,We might have highs and lows in the relationship;We have some really troublesome times 等),却与 Lakoff 等人提出的 LOVE IS A JOURNEY 无关,并据此推断概念隐

喻不存在心理现实性。但是该实验存在两个缺陷：一是受试者不能说出和概念隐喻相关的表达，可能是由于语言水平不足所致，而与是否借助概念隐喻理解该句意义无关；二是 LOVE IS A JOURNEY 作为一个概念隐喻系统包含以下几个基本隐喻：PURPOSES ARE DESTINATUIONS、DIFFICULTIES ARE IMPEDIMENTS TO MOTION、A RELATIONSHIP IS A CONTAINER、INTIMACY IS CLOSNESS。显然，这些更基本的隐喻都在某种程度上对受试者的理解起着作用。

三、概念隐喻心理现实性的神经科学研究

Lakoff（2008）指出，他在 1980 年提出的大多数观点至今仍然是站得住脚的，也可以在神经科学中得到支持。这是由于：（1）我们身体做出的每个行动都由大脑控制；（2）我们对外界事物的理解也依赖于大脑。人类的所思所行在很大程度上受限于人脑的生理属性。而隐喻的神经理论正是将人脑的研究放在核心位置，把对语言的各种假设和神经机制联系起来。

1. 概念和想象力的心理现实性

概念和想象力是隐喻的基础。两者同样具有心理现实性。传统观点认为概念只是外部世界的反映，是存在于逻辑中的一系列充分必要条件。认知语言学认为，概念是人类利用身体和世界进行互动才产生的，因此具有体验性。根据神经语言理论（neural theory of language，NTL）的观点（Feldman，2006），管辖主观经验和感觉运动经验的神经元是相同的。人们在概念中想象自己执行某个动作时，被激活的神经元与实际执行该动作时大体相似。神经元的这种模拟功能称作神经模拟（Neural Simulation）或叫心智模拟（Mental Simulation），这就是人们掌握语义的基础。Lakoff（2009）的模拟语义学（Simulation Semantics）理论认为，当个体观察或想象某动作时，都会激活与该动作相关的神经元，而分布在前运动皮层的该神经元则自动引发关于该动作的运动表征。与此同时，该运动表征与执行该动作时的表征是对应的，心智模拟就把视觉信息和想象场景转化成了运动知识。比如，如果人们不能想象出一个具体的场景（如 grasp the glasses），那就不能获得关于"grasp"这个动作的真正含义。大脑成像技术显示，grasp 无论用于字面表达（grasp the glasses）还是隐喻表达（grasp the idea）都激活相同的大脑区域。

在这个过程中主要有两种神经元起作用：（1）标准神经元（Canonical Neurons）。其功能是负责对呈现的物体做出反应；（2）镜像神经元（Mirror Neurons）。当实际执行或观察他人执行某动作时，该神经元呈现出一致的放电（firing）特征，因此镜像神经元具有"多模态性"（multimodel），即行动和感知受控于相同的神经元。具体表现出来的动作，则受"参数"（Parameter）的控制。

"参数"的主要功能是控制神经元的激活频率,从而最终决定动作实际表现出来的方向、强度和姿势等。例如,人们在想象 shoving(猛推)和 pushing(推)时,神经元的激活频率就不同,前者大于后者。词语意义会以图示和参数的形式被人们储存起来并在再次遇见该词时被激活。参数一般是恒定的,但会随着具体的环境而发生变化,引发不同的动作结果。Van Elk(2010)发现受试者在阅读句子(1)The deer jumps over the fence 和(2)The athlete jumps over the hurdle 时,虽然激活词都是 jump,前者的大脑区域激活程度却大于后者。这是由于当听话者自身不能完成某动作时,肌动感知神经元反应更为强烈。可见,概念和实际的动作相同,都具有体验性。

和概念一样,想象力长期以来被认为是不具有心理现实性和体验性的,可以脱离对真实世界的感知而独立存在。如 Meteyard(2010)认为语义的心理现实性在词汇层面上也许可行,而在想象力层面,则是语言学家的直觉起主要作用。但神经科学的研究表明,想象力在视觉感知和运动两方面都是具有心理现实性的:(1)视觉证据。Kosslyn(1994)利用大脑成像技术发现:人类亲眼目睹和想象某场景时激活的大脑区域是相同的;(2)运动感知上的证据。人们在想象进行某项运动时,运动神经元同样被激活。Yue 和 Cole(1992)发现,当受试者在脑海里预演某种体育活动时,肌肉强度和实际从事该运动时一致。Decety(1999)进一步指出,心率和呼吸频率也会随着想象中的运动强度成正比变化。Glenberg 和 Kaschak(2002)在实验中要求受试者在阅读与"力"有关的句子时,同时朝句中力所指相同或相反方向移动双手,以证明概念中力的强度和方向与实际的力都具有体验性。结果证明,当实际运动方向与触发词所指运动方向一致时,句子理解的准确性就会大大提高。由此说明,管辖两者的神经区域存在重叠。Narayanan(1999)利用仿生计算机模型证明,隐喻的使用与人的心理过程相契合。他认为,人们对某个隐喻的解释之所以和经验相匹配是因为其对当前语境进行了心智模拟。

2. 概念隐喻的心理现实性

隐喻的神经模型是以神经元形成的回路以及它具有的模拟功能为基础的。神经活动在大脑中表征为突触间离子的传递。每当人们同时经历两种经验,就会激活分管两种不同概念的神经元,对应两种经验的神经元就会形成一个回路。这种连接从婴幼儿时期便开始了,并通过之后的体验不断得到加强。例如,概念隐喻 MORE IS UP 的经验基础是物质量的增加会引起高度的增加。如人们看到杯中的水会因为量的增加而升高。经过反复刺激,便形成一个相对固定的结构图式,这就是概念隐喻形成的基础。而概念隐喻之所以具有一定的普遍性,是因为人们所处的外界环境相似,且身体和大脑的构造和功能基本相同。虽然不见得每种通过体验获得的概念隐喻都会在语言中得到显性表达,如 MORE IS UP,但是一定不会存在"反体验"的表达，如 MORE IS DOWN。陆俭明（2009：44）曾怀疑隐喻的映射机制不存在心理现实性，"在人的认知域里，一个认知域可以投射/映射到另一个认知域，我想这只是一种假设。为什么要从一个认知域投射/映射到另一个认知域？投射/映射的目的是什么？动因是什么？"从神经隐喻理论角度来看，神经回路的形成就是映射形成的生理学和神经学基础。刺激的次数越多，神经回路之间的连通就更加牢固。当一个区域的神经元被激活后，与其相连的另一区域的神经元也会自动被激活，这时始源域与目标域之间就建立了映射关系。不仅如此，神经科学还表明人类对隐喻的理解多依靠大脑右半球。与左半球只能激活最邻近的概念相比，右半球能完成较复杂的认知过程，将距离相隔较远的概念同时激活。这就是映射和概念整合的神经运作机制。

Cohen 认为要证明心理现实性，必须具有四个方面的证据：（1）行为证据；（2）神经心理学证据；（3）个体发育证据；（4）逻辑证据。（转引自李福印，2005：24）与神经科学密切相关的是前三种证据：

（1）行为证据。既然概念隐喻是理解其他隐喻的基础，那么人们对它和非概念隐喻在理解时间、出错率等方面自然存在差异。Allbritton，McKoon 和 Gerrig（1995）证实了这种说法。当文本中同时出现与概念隐喻 CRIME IS A DISEASE（Lakoff & Johnson，1980）相关的表达时：（1）The city's crime epidemic was raging out of control 和（2）Public officials desperately looked for a cure，受试者理解两个句子所需的时间较短，准确率也较高。可能的解释就是受试者可借助概念隐喻对新奇隐喻做出更快更准的判断。

（2）神经心理学证据。其可进一步分为：认知神经科学证据（cognitive neuroscience evidence）和临床神经心理学证据（clinical neuropsychological evidence）。关于前者，Mashal 等（2007）通过功能磁共振（fMRI）扫描分析发现受试者阅读新奇隐喻（如 She is a strawberry）和概念隐喻（如 She is a peach）时，左侧前额下回的激活程度前者大于后者。这说明前者要求更多的认知努力如抽象思考能力才能完成。但是实验没有发现概念隐喻句和字面意义句（如 She is a liar）对大脑的激活程度有显著差别。临床神经心理学（Meyer，1999）证明，右脑损伤的病人因损伤程度和具体部位的不同，会对隐喻的理解程度造成不同影响；Yang 等（2010）发现脑创伤病人和健康人在新奇隐喻和概念隐喻的理解时间上前者长于后者，而在理解准确度和大脑激活程度上则呈相反的趋势。除此之外，他们还发现脑创伤病人和健康人在理解概念隐喻时，大脑的激活区域存在差别。前者主要依靠大脑前额叶，而后者则主要依靠一般左脑语言处理区域。可见概念隐喻是有其独特的生理基础的。

（3）个体发育证据。Monetta 等（2007）的词语配对实验证明，对概念隐喻的通达能力不会随着年龄的增加而逐渐衰退。但如果加入干扰因素（如限定时间等），则发现对年轻人的影响明显大于年长者。对这一现象的合理解释是，由于年长者大脑功能衰退，其他负面因素则不会显著增加这种劣势。实验中更发现，当同时存在与目标词对应的字面义和隐喻义时，如与 cloudy 相对应的 confused（隐喻义）和 sky（字面义），人们更倾向于隐喻理解。如果概念隐喻不存在心理现实性，可以设想对字面意义和隐喻意义的选择倾向应该是相同的。

四、概念隐喻现有问题及未来展望

应当指出的是，概念隐喻中存在的问题目前并非都能通过神经隐喻理论来解决。当前的研究还存在以下几个问题：（1）考虑到安全风险等因素，大部分的实验只在猴子身上进行，而缺乏直接来自人类的生理证据。虽然部分学者认为两者同属灵长类，大脑结构很大程度上类似，所以实验能较好地说明问题。但不可否认的是两者大脑的构造和精密程度均存在较大差异；（2）考虑到与认知语言学中"体验性"的相关性，实验主要是对肌动感知系统的研究，对脑的其他区域涉足甚少，暂无报告指明脑部其他区域对实验结果造成的影响。考虑到左半球和右半球在隐喻理解过程中的作用不同，以后的实验应该更精确地测量隐喻理解中不同变量对左右脑半球不同的影响；（3）对脑损伤病人的研究，通常只测试其对一般概念知识的掌握程度，而专门针对隐喻能力影响的相关研究报告则比较缺乏。此外，脑损伤是一个宽泛的概念，可能涉及到大脑多个区域的损伤。目前尚存诸多未知因素如血流量和神经元损伤等可能导致的实验影响，尤其是对 fMRI 的影响；（4）隐喻的基础是体验性。但不可忽视的是，影响隐喻理解的因素还包括语言（如词频等）。至于何种因素占主导地位则取决于实验任务（如口试或者图片配对）的不同。但普遍认为，在比较简单的认知任务中，语言是主要影响因素；（5）既然 Lakoff 声称概念隐喻扎根于人类思维，那么其心理现实性必然在其他非有声语言中也应有所体现。目前缺乏从神经隐喻理论对手语中的隐喻进行系统研究的文献；（6）有学者（Dinstein *et al.*, 2008）提出，作为隐喻理解基础的心智模拟所依靠的镜像神经元可能根本不存在。因此所谓的心智模拟，不过是简单的神经层面的复制，但复制不等于理解，不足以说明其是理解语义的基础；（7）当前的神经科学研究多集中在隐喻的研究上面，而对转喻的认知机制探究明显不足。对两者的区分多停留在语言层面上。两者在神经机制方面是否存在差异，有待进一步证明；（8）陆俭明（2009）曾提出隐喻和转喻可能出现经久不衰和落入俗套两种不同的发展前途，这点目前似乎也不能在神经科学中找到答案。

五、结语

本文以概念隐喻的心理现实性为例，回顾了近期神经科学在这一问题上的最新研究成果，一系列实证研究有力地回击了众多对于概念隐喻心理现实性的质疑。Lakoff 隐喻理论中的基本观点，无论是在神经科学层面还是认知层面上基本都得到了印证，其科学性不容置疑。虽然现阶段隐喻的神经科学研究并非尽善尽美，但这一研究方法对于隐喻的巨大推进作用已日益凸显。齐振海（2011）指出，"认知语义学研究必须赶上第三代认知科学发展的潮流，借助认知神经科学中的先进技术手段和研究成果，为人类认知研究做出贡献。"Gallese 和莱考夫（2005）也预言，未来的实证研究将会继续证明神经科学关于隐喻的假设是否或者在多大程度上是重要的。

参考文献：

[1] Allbriton, D., G. McKoon, & R. Gerrig. 1995. Metaphor-based schemas and text representations: Making connections through conceptual metaphors[J]. *Journal of Experimental Psychology: Learning, Memory, and Cognition*, 21(3): 612-625.

[2] Decety, J., M. Jeannerod, M. Germain, & J. Pastene. 1999. Vegetative response during imagined movement is proportional to mental effort[J]. *Behavioral and Brain Research*, 31: 1-5.

[3] Dinstein, I., C. Thomas, M. Behrmann, & D. Heger. 2008. A mirror up to nature[J]. *Curri Bio*, 18: 13-18.

[4] Feldman, J., 2006. *From Molecules to Metaphors: The Neural Theory of Language*[M]. MA: MIT Press.

[5] Feldman, J., & S. Narayanan. 2004. Embodied meaning in a neural theory of language [J]. *Brain and Language*, 89: 385-392.

[6] Gallese, V. & G. Lakoff. 2005. The brain's concepts: The role of the sensorimotor system in conceptual knowledge[J]. *Cognitive Neuropsychology*, 22(3/4): 455-479.

[7] Glucksberg, S., B. Keysar, & M. Mcglone. 1992. Metaphor understanding and accessing conceptual schema[J]. *Psychological Review*, 3: 578-581.

[8] Kosslyn, S. M., 1994. *Image and Brain: The Resolution of the Imagery Debate*[M]. Cambridge, MA: MIT Press.

[9] Lakoff, G., & M. Johnson. 1980/2003. *Metaphors We Live By*[M]. Chicago: The University of Chicago Press.

[10] Lakoff, G. 1993. The contemporary theory of metapho[A]. In A. Ortony(ed.), *Metaphor and Thought* (2nd edition)[C]. New York, NY: Cambridge University Press.

[11] Lakoff, G., & M. Johnson. 1999. *Philosophy in the Flesh: The Embodied Mind and its Challenge to Western Thought*[M]. New York: Basic Books.

[12] Lakoff, G. 2008. The neural theory of metaphor[A]. In R. Gibbs(ed.), *The Metaphor Handbook*[C]. Cambridge: Cambridge University Press.

[13] Mashal, N., M. Faust , T. Hendler, & M. Jung-Beeman. 2007. An fMRI investigation of the neural

correlates underlying the processing of novel metaphoric expressions[J]. *Brain and Language*, 100: 115-126.

[14] Meteyard, L, R. Sara, B. Bahador, & V. Gabriella. 2010. Coming of age: A review of embodiment and the neuroscience of semantics[J].*Cortex*, 11: 1-17.

[15] Myers, P. 1999. *Right Hemisphere Damage: Disorders of Communication and Cognition*[M]. San Diego, CA: Singular Publishing Group.

[16] Monetta, L., O. Plamondon, & Y. Joanette. 2007. Age-related changes in the processing of the metaphorical alternative meaning of words[J]. *Journal of Neurolinguistics,* 20: 277-284.

[17] Narayanan, S., 1999. Moving right along: A computational model of metaphoric reasoning about events[Z]. In *Proceedings of the National Conference on Artificial Intelligence* AAAI-99. Orlando, FL.

[18] Reynolds, R. & A. Ortony. 1980. Some issues in the measurement of children's comprehension of metaphorical language[J]. *Child Development*, 51(4): 1110-1119.

[19] Van Elk, M., H. Schie, R. Zwaan, & H. Bekkering. 2010. The functional role of motor activation in language processing: Motor cortical oscillations support lexical-semantic retrieval[J]. *NeuroImage*, 50(2): 665-677.

[20] Yang, F., J. Fuller, N. Khodaparasta, & C. Krawczyka. 2010. Figurative language processing after traumatic brain injury in adults: A preliminary study[J]. *Neuropsychologia*, 48: 1923-1929.

[21] Yue, G., & K. Cole. 1992. Strength increases from the motor program: Comparison of training with maximal voluntary and imagined muscle contractions[J]. *Journal of Neurophysiology*, 67: 1114-1123.

[22] 陈嘉映, 2003. 语言哲学 [M]. 北京: 北京大学出版社 .

[23] 胡壮麟, 2004. 认知隐喻学 [M]. 北京: 北京大学出版社 .

[24] 李福印, 2005. 概念隐喻理论和存在的问题 [J]. 中国外语, 4: 21-28.

[25] 刘宇红, 2006. 认知语言学的理论缺陷 [J]. 山东外语教学, 5: 3-7.

[26] 陆俭明, 2009. 隐喻、转喻散议 [J]. 外国语, 3: 44-50.

[27] 张晓东, 周长银, 齐振海, 2011. 认知义学研究现状与展望: 第三届国际认知语义学研讨会综述 [J]. 外国语, 1: 90-92.

认知隐喻视阈下的手语研究述评

一、引言

Lakoff 和 Johnson（1930）的概念隐喻理论使得隐喻这个长期游弋于修辞层面的话题，转而成为研究思维方式的显学。如果说该理论关于我们的一般概念系统在本质上是隐喻式的假设正确的话，那么隐喻思维也应当在图画、音乐和手势中得到体现。但 Lakoff 等人采用的现象学方法将其研究主要聚焦于书面语言中的隐喻，从而招致了不少批评。不少学者（如江桂英，李恒，2011）提出质疑：语言证据既是概念隐喻的动因，又是它们存在的唯一证据，这是一种循环论证。因此摈弃空洞无物的宣言，加强隐喻的多模态研究，是当今认知语言学隐喻研究的发展趋势。手语日渐成为认知语言学的重要研究对象，它的研究对语言学及神经学、心理学、人类学和认知科学等都将大有裨益（刘润楠，2005）。2011 年 7 月在西安举行的第十一届国际认知语言学大会开设了手势手语研究专场，可以看出该项研究所具有的巨大潜力。然而，鲜有学者对手语和隐喻的密切关系进行系统的梳理与考察。本文将探寻概念隐喻在手语中的体现和应用，揭示手语研究对概念隐喻理论的启发作用。

二、概念隐喻理论和手语中的隐喻

1. 手语认知隐喻研究概述

在现代语言学发展初期，由于从病理学角度将聋人归为听觉能力不足者，手语的重要地位一度得不到承认。Sapir（1911：21）将手语贬低为有声语言的替代品。手语缺乏必要的准确性和灵活性，和有声语言相比无疑是低级的（Myklebust，1957）。之后无论是乔姆斯基的形式语言学还是随之兴起的实验心理学，虽然研究范式不同，但对象都是抽象的语法规则，以致声称手语和动物交流有直接联系，而人类的语言建立在与此二者完全不同的基础之上。（Chomsky，1972）因此在对人类语言和认知的研究中，手语常常被排除在外。但随着认知语言学的风生水起，越来越多的语言学家开始从手语研究中汲取灵感。其基本假设是人类的概念结构来自于感觉运动系统（sensorimotor system）的体验，那么手语和有声语言一样，也是人类对客观世界感知体验后的产物，Talmy（2007）提出了一个包含手语和口语共同特点的核心语言系统（core language system），以此说明有声语言和手语的相通性。可见手语对于研究人类语言认知机制的语言学家无疑具有重大的意义。

近二十年来，认知语言学家（如 Kendon，1980，2004；McNeill，1985，2005 等）也从多个角度对手语做了研究，涉及的领域包括儿童手语发展、神经心理学等。相关研究成果均揭示出有声语言、手语和认知思维之间具有紧密联系。其中手语和隐喻关系的研究也开始进入研究者的视线。Brennan（1990）首次对英国手语中的隐喻做了系统的考察。Grote 和 Linz（2003）通过对德国手语的研究发现，隐喻性和象似性对语义概念化具有重要作用。除此之外，van Hoek（1992），Wilcox（2000），Taub（2001）和 Liddell（2003）等语言学家也从隐喻及其对具有视觉空间表征特点的手语语法的影响做出了积极的探索。顶级期刊《认知语言学》（Cognitive Linguistics）在2004 年更是推出了手语专刊，共收录 5 篇文章，其中 Wilcox 和 Dudis 都对手语中的隐喻做了详尽的探讨。甚至有语言学家开始利用实证的方法对手语中的隐喻展开研究，如 Gibbs（2008）的实验证明，作为手语重要组成部分的手势也对隐喻的理解存在影响，借此说明手语和有声语言中的隐喻存在共同基础。例如，当要求受试者理解隐喻表达"抓住想法"前，先给其展示与其意义相匹配的"抓住"手势，那么对该表达的理解速度就会大大加快。反之，如果给出其他手势如"推开"，理解速度就会较慢。而在国内，方俊明和何大芳（2003）利用实验证明，手势语使用者和听力正常的英文使用者抽象词汇项目都表现出左半球优势；手势使用者对可想象的手势表现出明显的右半球优势，而正常被试对可想象的词汇没有明显的视野效应。这种大脑单侧化现象可能反映出想象在两种语言中发挥了不同的作用。"

2. 概念隐喻理论

Lakoff 和 Johnson（1980：3）提出："概念隐喻是人类思维的有机组成部分，主要依靠身体与物理环境、社会和文化活动互动而产生"。概念隐喻理论认为隐喻是一种认知现象，是人类的思维方式，而不仅仅是创造性的语言修辞表达。正是由于隐喻，我们才能够利用具体事物来理解抽象概念。如在 TIME IS MONEY（时间是金钱）中，"金钱"作为源域，将其"浪费、节约和花光"等属性通过映射传递到目的域"时间"域中，因此时间也具有了相关特性，隐喻思维的系统性便得到了解释。

Lakoff 和 Johnson（1980）把隐喻分为三类，即方位隐喻、本体隐喻和结构隐喻。方位隐喻指运用如上下、内外、前后、远近、深浅、中心—边缘等空间方位的概念来理解另一概念系统，如情绪和社会地位等抽象概念，形成了情绪高涨—低落、上层—下层社会等一系列概念隐喻体系。

本体隐喻指的是将抽象语义域表示的概念表达理解为实体语义域的实际物体，把经验视作实体或物质，通过后者来理解前者，就可对经验作出相应的物质性描写，如指称、范畴化、量化、分类等，通过这种途径还可以对其进行推理。如容器隐喻是指人们将容器这种概念投射于人体以外的其他非容器或边界模糊的事物，如心智被视作容器等，就形成了"脱离—进入心智"等隐喻。结构隐喻是用一种较为熟悉、具体已知的概念去构造理解另一种相对陌生、抽象未知的概念。这样，便有可能形成系统的概念隐喻。如在"Time is money"（时间是金钱）中，金钱域中的相关概念系统地映射到时间域中，形成了"浪费时间"、"节约时间"和"花光时间"等隐喻。

无论何种隐喻都体现了人们用具体的、熟知的、简单的、有形的概念去认知和体验抽象的、不熟悉的、复杂的、无形的概念的过程。其中，空间认知域被看作人类认知活动的最重要基础，人类的认知是从空间域向时间域以及各种各样的抽象认知域辐射的，这就是人类对整个物质和非物质世界的认知过程。McNeill（1992）认为，可以将手势当作思维本身，或者至少可以视为观察思维的一个窗口。而"手语构成的四要素手形、动作、位置和方向"都必须依靠特定的空间域和时间域才能完成。（1985，2005）该四要素既可以独立表达含义，也可以形成一个格式塔共同表达含义。例如，中国手语在表达见多识广时，就需借助手形和动作共同完成。八字形的手势放于头部，而不断向外扩展的动作则表示经验和知识不断得到丰富。

Lakoff 等人虽未明确指出可以将概念隐喻理论用于手语的分析，但手语中的隐喻研究却是题中的应有之义。正如 Stokoe（1960）所言，手语的基础是对空间的利用和体验。因此，将手语置于认知语言学的视阈下加以考察无疑是合理的。

3. 手语和有声语言中隐喻的异同

Wilbur（1987）发现运用概念隐喻理论同样可以将美国手语中的隐喻划分为空间隐喻、本体隐喻和结构隐喻三种类型。有声语言中的空间隐喻"积极情绪向上"、"负面情绪向下"等在手语中有显性表达。本体隐喻"思维是容器"在手语中也同样存在。例如，美国手语使用者运用 C 字型手势表示容器（如杯子等）。当该手形放在使用者前额时，就表示"知识"。Wilcox（2002）在对美国手语中的大量隐喻做出研究后发现，本体和喻体之间可以存在一系列扩展的映射关系，不同类型的隐喻还可以结合形成更为复杂的隐喻，如结构隐喻。在上述本体隐喻中还可以形成"前后"映射关系：当有意识想起某事时，手势出现在头部前方；反之，则出现在后方。中国手语中，表示未来的手势，手在头前，过去则在头后。又比如，在本体隐喻"想法是物体"的基础上，美国手语做出"作为物体的概念遭受外力作用而离开容器"的姿势时，表示"遗忘"；中国手语大致类似，紧握的拳头置于头部一边往后释放，意即将"物体拿出容器"；而扁形 O 状手势则表示"将某个物体放至某处"，对应的隐喻义为"将知识放入一个无意识区域"，意即"想起"。"想法是物体"这个隐喻还可以进一步引申。美国手语者将打开的手掌从自己移向交流对象，同时做出紧握拳头的手势，表示"我懂你"，隐喻义为"我抓住了你的想法"，与有声语言中的该隐喻表达完全相同。而美国手语者如果将紧握的拳头移至前额，快速打开双手并向下方移动，则表示"丢失了曾经紧握的物体"，意即"遗忘"。该隐喻在手语中被广泛应用，美国手语中表示"教学"时，将呈扁形 O 状的双手从头部向外伸展，表示"传递思想"，也是在运用该隐喻。手语中另一个大量使用的概念隐喻是"时间是空间",包括两层含义:(1)将时间当作物体可以停留在空间的某一点;(2)时间的流动等于空间的移动。这与有声语言隐喻体现的从字面到象征、从具体到抽象、从空间到时间、从物理层面到心理层面的映射关系无异。根据以上分析,包括空间隐喻和本体隐喻在内的两个概念隐喻都可以在中国手语中找到实例。

不可否认,有声语言和手语中的隐喻存在大量的对应,但这绝不意味着两者毫无差别。在汉语的有声语言中,表达"是非对错、好坏优劣"时可以同时借助颜色隐喻(如黑社会等)和空间隐喻(如上流社会等)加以表达。颜色隐喻表示视觉上的显著差异性,意味着道德行为的迥然不同。手语中因颜色表达常与汉字的语音相关,因此手语中常换用手势位置的空间隐喻来表达此含义。手语中以手掌为空间分界线,手掌之上表示中性存在、干净等意思;手掌之下意即秘密、阴谋等。

如"黑社会"的手语为:左手作掌,掌心在下,右手作"ng"的手势(与拼音"ng"手势相似,表示"坏"的意思),小指尖顶在左掌心下,划几圈表达"地下活动"的意思,以示社会与黑社会的上下关系。掌心在下,手背在上,上代表"明",下代表"暗"。而在表达某些抽象概念时,美国手语和有声语言也存在差异。例如,表达情态动词"seem"(似乎)时,手语者做出照镜子状。由此可见,有声语言和手语因为表达的不同优势,在隐喻的选择上存在各自不同的倾向性。

除隐喻选择的倾向性外,手语中的表达还可能存在与一般概念认知不一致的情况。在美国手语中,表达"非常慢"时,是将"慢"这个手势快速释放,动作与词语本身的含义相反。但是这种不一致并非出现在各种手语中。例如,在中国手语中不存在这种表达。表示"非常慢"时,是在表达"缓慢"的手势基础上,将动作进一步放慢,以表示程度的加深。而在有声语言中,根本就不存在这种反直觉的表达。此外,手语中还可能存在有声语言中所没有的隐喻,例如,美国手语中存在"过去在左边、未来在右边"的隐喻。因为在大部分文化中,未来是指行走或书写的方向。但在有声语言中,却通常将未来视为位于前方而非右方,如"未来之路在我们前方不断延伸",中国手语采用了这种表达方法。

三、现存问题及未来展望

目前学界对手语中隐喻的研究,多借用基于有声语言的概念隐喻理论,容易先入为主,忽略手语中隐喻的特殊性。如上所述,有声语言和手语因其表达媒介的不同,在隐喻判断标准和具体表现形式上存在一定差异,手语中的隐喻并不能和有声语言中的隐喻简单对应。它山之石,可以攻玉,整合与建构并最终开创出一条专属于手语隐喻研究尤其是适合中国手语隐喻研究的路才是应寻之道。

相对于有声语言而言，手语的规律性较难获取，实验设备要求较高，可供参照的语料还比较碎，如对手语中隐喻的区分不够细致，对手语交流的即时思维过程也较少研究。这些都有待神经科学的相关研究加以证明。Bouissac（2008）批评此前的许多研究简单地将手势中的隐喻当作象似性的做法常常只能发现文化差异的表面现象。他认为，大脑如同"黑匣子"，研究者依靠语言输出所得有限，只有借助现代仪器如大脑成像技术从深层次的神经认知才能揭示出语言和多模态认知之间的关系。Lakoff（2008）从神经科学的角度提出在解释隐喻性手势存在的生理基础和心理现实性时，认知的无意识性、镜像神经元、大脑的想象和模仿功能必不可少。此外，多数研究聚焦于手语中手动部分的分析，而对其他非手动部分的研究较少涉及。但后者作为手语的重要组成部分，尤其在韵律和语法层面，其作用不可小觑。Pfau（2007）的实验表明，如果在录像带上把一个打手语的人脸部涂黑，相当一部分的信息就会失去，这是因为一些重要的词汇区别、形态的变动和句法结构将无法识别。此外，该领域的研究材料以日常交流居多，而对手语中的文学作品少有探讨。通过对手语文学的研究，可以进一步揭示语言、认知和文化之间的关系。采用认知社会语言学的理论和方法，通过语料库去研究不同语篇中手语的使用情况，有助于进一步揭示在不同社会文化语境下手语使用者认知思维的异同。例如，Wilcox（2000）发现，拥有不同文化和历史背景的美国和瑞典聋人对诗人 Lentz 的手语诗歌"狗"存在不同的解读，可能的解释就是两者手语在具体语篇的使用上存在差别。

当今学界对手语的研究，应坚持理论研究和实际应用并重。对手语的研究不仅是为了满足人类对知识的无限探索，更重要的是服务人类，尤其是提高残障人士的生活质量。手语在心理语言学、认知语言学和话语分析等理论研究中取得的丰硕成果，已初步应用于电脑软件、电视游戏开发和人机互动等，今后可以进一步将认知手语研究成果运用于手语教学，为其提供软、硬件支持。

总体而言，手语与认知语言学关系的研究是一个大课题，其中许多方面的研究尚处于起步和探索阶段。因此，当前理论框架和实践应用所具备的价值同时也是其所可能遇到的挑战。

四、结语

有声语言和手语都是自然语言，是人类认知机制的一体两面。而手语以其强调身体结构与环境的互动见长，是认知语言学的哲学基础，是体验哲学的生动实践，是研究语言、概念系统和高级认知的必经途径。本文结合最新发展趋势，初步探讨了手语和概念隐喻之间的有益互动，以期为今后的相关研究拓宽思路，提供新的视野。我们相信，手语必将为认知语言学这个方兴未艾的学科注入新的活力；而肩负重交叉、重实证、重应用学术使命的认知语言学也将为手语的研究提供新的切入点。

参考文献

[1] Bouissac, P., 2008. The study of metaphor and gesture: A critique from the perspective of semiotics[A]. In A. Cienki and C. Müller (eds.), Metaphor and Gesture[C]. Amsterdam/Philadelphia: John Benjamins Publishing Company. 277-282.

[2] Brennan, M., 1990. Word Formation in British Sign Language[D]. Dissertation, University of Stockholm.

[3] Chomsky, N., 1972. Language and mind[M]. New York: Harcourt Brace Jovanovich.70.

[4] Dudis, P. G., 2004. Body partitioning and real-space blends[J]. Cognitive Linguistics, 15(2): 223-238.

[5] Gibbs, R., 2008. Metaphor and gesture: Some implications for psychology[A]. In A. Cienki & C. Müller, (Eds.), Metaphor and Gesture[C]. Amsterdam/Philadelphia: John Benjamins Publishing Company. 291-302.

[6] Grote, K. & E. Linz, 2003. The influence of sign language iconicity on semantic conceptualization[A]. In W. G. .Müller and O. Fischer (eds.), From Sign to Signing: Iconicity in Language and Literature 3[C]. Amsterdam/Philadelphia: John Benjamins. 23-40.

[7] Kendon, A., 1980. Gesticulation and speech: Two aspects of the process of utterance[A]. In M.R.Key (ed.), The Relationship of Verbal and Nonverbal Communication[C]. The Hague: Mouton . 207-227.

[8] Kendon, A., 2004. Gesture: Visible Action as Utterance[M]. Cambridge: Cambridge University Press.

[9] Lakoff, G, & M. Johnson, 1980. Metaphors We Live By [M]. Chicago: The University of Chicago Press.

[10] Lakoff, G., 2008. The neuroscience of metaphoric gestures: Why they exist[A]. In A. Cienki and C. Müller (eds.), Metaphor and Gesture[C]. Amsterdam/Philadelphia: John Benjamins Publishing Company.

[11] Liddell, S. K., 2003. Grammar, Gesture and Meaning in American Sign Language[M]. Cambridge: Cambridge University Press.

[12] McNeill, D., 1985. So you think gestures are non-verbal? [J]. Psychological Review, 92 (3): 350-371.

[13] McNeill, D., 1992. Hand and Mind: What Gestures Reveal about Thought[M]. Chicago: University of Chicago Press. 12.

[14] McNeill, D., 2005. Gesture and Thought[M]. Chicago: University of Chicago Press. 1.

[15] Myklebust, H, 1957. The psychology of deafness[M]. New York: Grune and Stratton. 241-242.

[16] Sapir, E., 1921. Language: An introduction to the study of speech[M]. New York: Harcourt, Brace, and World. 21.

[17] Stokoe, W. C., 1960. Sign language Structure[M]. Silver Spring, MD: Linstok Press. 14-16.

[18] Talmy, L., 2007. 认知语义学十讲 [M]. 北京：外语与教学研究出版社 .441-461.

[19] Taub, S., 2001. Language in the Body: Iconicity and Metaphor in American Sign Language[M]. Cambridge: Cambridge University Press. 5-15.

[20] van Hoek, K., 1992. Conceptual Spaces and Pronominal Reference in American Sign Language[J]. Nordic Journal of Linguistics, 15 (2): 183-199.

[21] Wilcox, P. P., 2000. Metaphor in American Sign Language[M]. Washington DC: Gallaudet University

Press. 190-192.

[22] Wilcox, S. E., 2004. Cognitive iconicity: Conceptual spaces, meaning, and gesture in signed languages[J]. Cognitive Linguistics, 15 (2): 119-147.

[23] Wilbur, R. B., 1987. American Sign Language: Linguistic and Applied Dimensions[M]. Boston: College-Hill Press. 175-177.

[24] Wilcox, S., 2002. The iconic mapping of space and time in signed languages[A]. In L. Albertazzi (ed.), Unfolding Perceptual Continua[C]. Amsterdam: John Benjamins. 255-281.

[25] Pfau, Q., 2007. On the syntax of negation and modals in Catalan Sign Language and German Sign Language (LSC)[A]. In P. Perniss, R. Pfau and M. Steinbach (Eds.), Visible Variation: Cross-linguistic Studies on Sign Language Structure[C]. Berlin: Mouton de Gruyter. 129-161.

[26] 方俊明, 何大芳, 2003. 中国聋人手语脑功能成像的研究 [J]. 中国特殊教育, 2: 50- 57.

[27] 江桂英, 李恒, 2011. 概念隐喻研究在神经科学中的新进展——以心理现实性问题为例 [J]. 外语教学与研究, 43(6): 934-941.

[28] 刘润楠, 2005. 中国大陆手语语言学研究现状 [J]. 中国特殊教育, 59(5): 26-29.

划拳中言语和手势隐喻认知研究

——基于对川渝和福建客家地区的调查

一、引言

在 Lakoff 和 Johnson 约翰逊（1980）提出的概念隐喻理论揭露了亚氏将隐喻等同于修辞方式的谬误后，隐喻从此高飙突进成为研究思维方式的显学。将心智重新归还给身体，是认知语言学标榜的原则之一。但早期研究所依据的现象学方法和单凭直觉内省的研究范式却使其不断地面对困难和挑战，大多数研究者的做法是首先主观臆造出各种映射，再人为编造例句使二者契合。这种自上而下的研究方法不再受到欢迎。大而无当的宣言式理论更无法掩盖此起彼伏的质疑之声。以 Handl 和 Schmid（2011）等人为代表的认知社会语言学派进而提出不应以纠缠表面语言现象为归宿，而应回归真实语料，将形而上学的语境摒除在隐喻研究之外。加强该学科中的实证研究，以阐发深层次认知机制为出发点，强调多方证据归一的观点正逐渐成为主流。

认知语言学自诞生之日起，就不是一个自成一体的领域，多个学科如哲学、心理学、神经科学和人类学等浸淫于整个研究系统，不断相互渗透和融合。而如何走出"语言既是隐喻存在的唯一证据，同时也是唯一动因"（江桂英，李恒，2011：948）的逻辑怪圈，实现多方证据在认知语言学研究中的交汇介入是摆在当今研究者面前的一个重要课题。本文采取人类学研究中的田野调查工作法，数据驱动则更能保证研究的信度，选取划拳中的隐喻为研究对象，主要基于在该语篇中同时存在言语和手势隐喻，前者是隐喻研究的传统对象，而后者则是近年来多模态隐喻研究中的热点问题。在概念隐喻理论视阈下，从神经科学以及文化认知多视角出发，将划拳中的言语隐喻和手势隐喻作为整体加以考察，既可以廓清不同形式隐喻共有的经验基础，更可以将以往研究中缺失的文化因素重新置入研究视野之中。

二、划拳中隐喻的例证

划拳是我国自古至今仍风靡流行的饮酒游戏，主要作用是增添酒兴，营造气氛。各地区的划拳基本规则大致相同，出单手伸指喊数的范围为一至十，并附之以吉利语句。划拳时口中所喊字数，因地域不同而有所差异，但以三或四字为多。行酒令时每轮由两人参与，同时出拳伸指喊数，猜中两人所伸手指之和者胜。本文主要选取四川、重庆以及福建客家地区行酒令中的划拳材料作为研究对象，地理范围覆盖中国西南以及东南地区，两地跨幅较大，文化差异明显，可以避免实验材料的单一性和偏向性。为保证实验语料的真实性，我们在上述各地通过实地采访调查，通过录像和访谈等手段记录语料，基本可以囊括这些地区的划拳表达。

1. 言语隐喻

划拳依靠喊数和出拳配合完成。由于该游戏一般是在喜宴或逢年过节的酒桌上进行，游戏者划拳时往往避免只叫出单调的数字，总是配以带有良好祝愿的吉言，并以抑扬顿挫的声调喊出。川渝以及客家地区的喊数方法大致相同，祝辞多用典。如表示数字"四"的"四鸿（大）喜"，系指"久旱逢甘雨，他乡遇故知，洞房花烛夜，金榜题名时。"通过对语料的分析发现，隐喻是祝辞语言的一大特点。

认知语言学的基本信条是：语言并非先天自治，而是身体与周围世界互动体验的产物。语言的体验性或曰主客观性在于其既反映客观世界的基本情况，又不能脱离认知主体的身体而先验地存在，是一种基于人类身体进化并蕴含于社会日常生活实践的涉身性。隐喻自然也不例外。

隐喻的两大构成要素是相似性和映射。首先，概念隐喻理论认为隐喻主要基于人们在生产生活实践中捕捉到的不同事物之间的相似性。Lakoff 和 Johnson（1980：113）认为隐喻的基础在于"经验的对应性（correspondence）和相关性（correlation）"。如前述地区的酒拳表示"八"时，常用口令为"八匹马"。这源于古时周穆王驾八匹骏马四处游玩，曾在昆仑山瑶池与西天王母诗酬谢唱的典故。之所以有此一说，是因为在古代马是速度最快的交通工具。基于此经验，在中国传统文化中马就成了速度的象征，意为祝福对方在事业、生活等方面能够快速前进，永不懈怠。陆俭明（2009：45）也曾用例句"那家伙，老狐狸一个！"来表达同样的观点："在人的千百年的经验中，狐狸被认为在动物中是最狡猾的。所以在说到某人狡猾时，为使表达生动、形象，不直接说某某人狡猾，而说某某人是个狐狸，从而让听话人从狐狸的狡猾去联想到那个人跟狐狸一样狡猾。"由此可见，人们依靠自身的体验而使用隐喻。

其次，概念隐喻理论认为隐喻是从一个具体的概念域向一个抽象概念域的系统映射。此处有两点值得注意：一是映射方向从具体到抽象，二是隐喻的系统性。如表示"一"时，便可说成"一心敬你"。此处主要体现容器隐喻 HEART IS CONTAINER。这类本体隐喻的特点在于，"把事件、活动、情感、思想等具有连续性质的、抽象的经验看作是不连续的、有统一形体的实体或物质"（文旭、叶狂，2003：5）。因为敬意和美好祝愿是一种主观体验的抽象概念，无法像实物能直接传递，而隐喻的作用正是借具体事物来理解和体验抽象事物。于是有了以"将酒盛入杯中"意指"将情意装入心里"。此外，Lakoff 和 Johnson（1980：81）认为隐喻还具有系统性。这是由于经验具有格式塔特征，一个概念隐喻可以派生出多个自成系统的隐喻表达式，这也是隐喻之所以被认为是思维方式的主要原因。既然"情意"这个抽象概念得以具体化，除了能被"装杯"外，还可以如实物般传递，对方也能对其进行接收。类似的表达还有表示数字"七"时，所喊的"七（乞）个巧"。相传农历七月初七，天上牛郎织女相会，民间妇女穿针引线，斗巧取胜，祝贺织女喜会牛郎。民间妇女因希冀如织女般心灵手巧，所以"乞巧"，因"乞"、"七"谐音，故之。日常生活中，高超的针线技巧只能通过训练才能习得，而不能像事物一样乞讨得之。但是抽象概念可以通过隐喻得以实体化，而实物的一个重要特征便是能够实现所有权的转让和传递。这同时也反映了中国古代的生活方式主要是男耕女织，因此妇女具有娴熟的针线技巧尤为重要，该隐喻同样来源于生活经验。又如，客家酒拳中，如果单纯喊数，可以被重复的数字有三、六和九，如六六（六六大顺）、九九（久久长）。除了音韵上的限制外，二者在古代均表示多，叠字重复的意思为"多上加多、多多益善"，主要依据为概念隐喻 MORE IS GOOD。生活经验告诉我们，团结力量大，通常情况下，当人数众多的时候，一件事情就会完成得比较好，这就是该隐喻的理据所在。

2. 手势隐喻

手势是近年来隐喻研究的热点问题（如 Mcneill, 1992；Nunez, 2008 等）。但以往的研究大多集中在伴语（co-verbal）手势层面，即使用者说话时伴之以手势，如教学手势（Nunez, 2008）等；而对于划拳这一独特的文化习俗，国内外学界关于手势隐喻的研究都几乎为空白。

在我们调查的地区内，划拳时，双方要先互相握手，以示尊重或以礼相待；出拳时，游戏双方距离也相隔很近。这两个姿势主要体现 NEARNESS IS CLOSENEE。不难看出，手势隐喻同样基于日常生活经验。当人们表现亲密、爱慕等情感时，总是尽量缩短双方的距离。川渝的酒拳规定，只要是出一个以上的手指就一定要出大拇指；除必须出五个手指外，尽量不要出小拇指，出拳时大拇指最好保持竖立朝上的姿势，大拇指方向必须是指向对方，而不可以翘向自己，否则就被认为自以为是；手指的出现顺序也基本遵循凡出拳必定有大拇指、离大拇指越近的手指优先出现的原则。这些手势主要与概念隐喻 MORE IS GOOD、UP IS GOOD 和"中心—边缘"图式有关。在日常生活中，方向越往上，意味着位置越高，容易"高瞻远瞩"，所以"上即是好"。身体经验告诉我们，我们的身体具有中心部位（内脏等）和边缘部位（毛发等），而每个部位也可以进一步区分中心和边缘。大拇指因其离身体较近、体积较大，所以被认为是中心成员。中心被看作比边缘更重要，因为人们通常认为，靠近中心的器官具有更加重要的功能，如心脏等。

Reddy（1972）提出的有关语言的管道隐喻（conduit metaphor）则能对手指朝向的理据性提供启示。他把抽象的言语交际比作具体的实物传递。人类的交际活动目的在于交流思想和感情，但是抽象概念的交流无法直接实现，必须依靠我们语言的语言——隐喻，才能完成犹如有形实物传递的过程。人们在说、写时把思想或感情装进词语里通过隐喻这个"管道"，传送给对方；再由听、读者从词语里接受这些思想和感情，例如"Language transfers meaning"。与此同理，出拳时的手指方向，意即将敬意／不敬放入手势中传递给对方。所以在隐喻的表达过程中，语言并不是唯一的"管道"，说和写也不是唯一媒介，手势也可以发挥同样的功能。而按照概念隐喻理论，该类隐喻可被归为本体隐喻。这类隐喻的特点之一便是将社会地位和情绪等抽象概念投射于具体的事物之中加以确切。但是当一个数字有多种表现时，某些地方的手指结合也存在一些避讳，同样体现了人们的认知规律。例如，在四川少数地区表示"二"时，不可同时伸出食指和大拇指。由于该手势在形状上类似"枪"，于是有"枪指他人"的嫌疑，所以应该避免使用。同样地，客家酒拳中表示"零"的手势为五根手指捏合，掌心朝下，不可握成拳，避免"出拳伤人"之嫌；另一方面，手指呈捏合状，也意味着"财不外露"，犹如将财富放入密封的容器内，这里主要是容器隐喻在发挥作用。该手势也用于表示"五"，区别是掌心朝上。按照概念隐喻SEEING IS KNOWING，掌心朝下，表示挡住人们的视线，意即"看不见即是没有"，而掌心朝上则是将五个手指同时示人，表示数字"五"。（2）用手指表示数字在不违反上述忌讳手势时，还必须遵守邻近原则，即当邻近的两根手指能表示某个数字时，绝不使用相隔较远的手指。例如，表示"四"时，川渝地区（拇指、食指、中指和无名指组合）和客家地区（食指、中指、无名指和小拇指组合）虽然使用的四指不同，但都一定相邻。又如表示"二"时，就不可能采取大拇指和无名指结合的方式，因为这与人类的生理构造不符，不利于出拳的方便，体现的是认知经济性。

Mcneill（1992）认为，手势主要包括象似性、隐喻式、指示式和强调式四种类型。根据我们的分析，划拳中的手势主要包括前三种类型，这些手势的界限并不泾渭分明，而是相互交叉，例如隐喻式手势常常和象似性手势不可分离，因为二者的功能都是描绘图像。以上对手势隐喻的分析不仅证明了概念隐喻理论的正确性，也增加了其应用范围。

3. 言语和手势隐喻的神经科学解释

要想对隐喻本质是思维方式的论断作出充分的论证，脱离生理与物质基础，将大脑和身体独断地分裂，依靠单纯的逻辑分析，是不可能穷尽认知所有的奥秘的。隐喻的研究不能脱离对大脑和神经系统内部结构的深入探索。哲学上称为"还原主义"的唯物主义一元论，要求我们将所有认知议题还原到认识神经元，其中生物大分子的构造及反应过程才能最终把握隐喻的思维本质。而关于大脑的研究，在经验层面上，由于大脑机制的复杂性和不可及性，长期以来，只能借用黑箱类比的方式加以研究。

Lakoff 等人近年来放弃了逻辑发展的角度，因为撇开复杂的大脑内部系统、机制去研究外在的东西，无助于对认知机制的研究。他们转而坚持将操作化和客观实证的研究方法应用于隐喻研究，将逻辑论证和神经生理学结合起来，试图将大脑这样一个不可打开的黑箱子展示在众人面前，这对早期的概念隐喻理论无疑具有非同一般的理论和实践意义。Lakoff（2008）认为，无论是言语隐喻还是隐喻性手势都可以从神经科学角度加以解释。在这当中，镜像神经元、想象力和心智模拟功能必不可少。镜像神经元的主要功能为连接前运动皮质和顶叶皮质。前者的主要功能为在脑中重现复杂的行动；而后者则负责感知。当我们执行某动作或者观察别人执行该动作时，连接感知和行动的神经元便得到激活，前运动区域的神经元能对动作进行重现，而他人也能通过镜像神经元对动作加以理解。除此之外，该过程还有赖于神经元的心智模拟功能。"人们在概念中想象自己执行某动作时，被激活的神经元与实际执行该动作时大体相似。这是人们掌握语义的基础。"（江桂英，李恒，2011：949）例如，当表达数字"1"时，人们需要同时想象出有关"1"的具体场景。如果不能想象出来，就无法理解其真正含义。而同时发生的手势通常用相同数量的手指来表示，这些都是通过无意识的想象完成的。

以划拳中的数字"1"来说，一方口喊"一心敬你"同时伸出大拇指时，首先需要在大脑中对该场景做出模拟，能依靠镜像神经元对动作进行预演。而有关言语和手势的知识能通过神经元的共同放电形成回路，当二者形成一个整体时，便发生了神经黏联（neural binding）。而主要由镜像神经元组成的大脑汇聚区（convergence zone）则能将顶叶皮质感知到的信息和前运动皮质区的运动信息连接起来。人们做出"一"的手势时，对"一"的模拟能激活前运动区控制手指运动的神经元；而与前运动区皮质相邻的布洛卡区域（Broca's area），同样分布着连接言语和听力的神经元。而口中喊"一"时也能激活控制概念结构的神经节点。因此，言语和手势在表达上存在共同的生理基础。神经病理学的证据（Nunez，2008）表明，口吃者在手势的表达上同样存在中断的问题；而阻断说话者的手势也同样会影响其语言表达，这显示出二者在表达上的同步性，同时也更进一步说明了言语和手势在大脑中能够相互激活、互相影响。

从神经科学角度对隐喻作出解释目前还处于起步阶段，还有许多问题尚待解决。但不可否认的是，以上从大脑角度对言语隐喻和手势隐喻做出的解释，能在一定程度上说明隐喻存在的生理基础以及其具有的心理现实性。

三、文化对隐喻的影响

主张体验主义的认知语言学试图从现实的人的角度去探究认知过程。其优势在于它坚持反对二元论和形式主义的客观主义倾向，走出了不同于主观主义和客观主义的第三条路子；但其劣势在于将作为知识来源的身体及其与客观世界的互动打上了深深的自然主义的烙印。研究者企图凭借对语言的内省和敏感度来穷尽对思维方式的研究，既无预测性更无证伪性，在认识论层面容易带有浓重的理想化和相对主义色彩。早期的概念隐喻理论将隐喻置于一个将文化因素剔除在外的真空，过分注重认知机制的共性探索而忽略了对文化差异的个性诠释。

如今，越来越多的批评者将语篇概念引入隐喻研究之中，目的就在于调和隐喻作为思维社会集合和思维认知集合之间的矛盾。Talmy（2007）把人类的认知系统分为六类，其中就包括文化系统。他认为各系统之间交叉重合，相互影响。Lakoff和Johnson（1980：57）其实也并不否认文化对隐喻的影响，"每一种体验都发生在大的文化背景之下。更准确地说，所有的经验都是文化的以至于文化已经体现于我们的经验之中了"。因此，要想对隐喻做出更为全面科学的解释，就不应当忽视社会认知层面，如环境背景作用、经验情感方面、文化和历史因素对人的行为和思维的影响等。Kövecses（2005：4）认为隐喻的共性体现在基本隐喻（primary metaphor）之中，但是文化在各语言的复杂隐喻形成过程中所起的作用却不可忽视。我们还是以划拳中的隐喻为例，以探寻文化和不同模态隐喻之间的关系。总结起来，主要有以下几个方面：

首先，文化对于划拳中言语隐喻和非言语隐喻的影响程度不同。综观之，在不同地区的酒拳中，非言语隐喻常常比言语隐喻的差异性要大。这是由于，在其发展历程中，为了经济文化交流的方便，当权者常常对作为主要交流媒介的有声语言加以统一和规范；相对而言，基于象似性的手势受到的限制则较小。辜正坤（2004：80）认为，象似性是人类语言早期状态的主要特征，任意性是随着语言的系统性日趋成熟而慢慢增强的。因此，手势在发展过程中，受到任意性的不断冲击，加之象似性是一个比较主观的概念，因此不同地区在手势表现形式上差异也较大。但不可否认的是，川渝以及客家地区都同属华夏文明，其文化共性仍然起着主导作用。这主要表现在上述地区表示数字的行酒令基本相同，莫不与中国历史经典故事有关。如表示数字"五"时，划拳者常喊"五魁首"，意指古人苦读《诗》《书》《易》《礼》《春秋》五种经典，以求功名，夺得魁首。

其次，不同文化的具体表现形式有所不同。如川渝地区表示"二"时通常不出现 V 字型手势，而以八字指（即拇指和食指做出八字状）代替，这除了上文所述使用大拇指以体现 MORE IS GOOD 的原则外，还与当地的传统文化有关，因"八"谐音"发"。我们在调查中发现，划拳人对 V 字型手势表示"二"的接受度，与使用者的年龄成反比。合理的解释是，随着西方文化的不断传播，越来越多的年轻人对 V 字型手势采取了接受的态度，而年龄稍长者，接受新事物则比较滞后。

另一方面，即使表现形式相同，其所承载的文化含义也可能存在差别。例如划拳中表示"三"的手势与西方的 OK 手势完全相同，但其背后的文化底蕴则风马牛不相及。在欧美，OK 最初是美国铁路扳道工人的用语，当他们确认铁路上一切运行正常时，就会说 All correct（完全正常）。由于 All 音接近"O"，correct 音近"K"，为了方便，工人们就将其省读为"OK"，而手势也主要是模拟字母"O"和"K"的形状。但是在川渝以及客家地区，受访者给出的解释是，该手势中食指和拇指所围圆圈表示"团圆美满"，完全与字母无关，与西方对该手势的解读大相径庭。又如，手指朝向上，川渝地区大拇指必须朝向对方，以示尊重，而在比较传统的客家文化中，即使是大拇指也不可指向人，以避"指指点点"之嫌。

四、结语

苍白无力的语言论证之痛实际上是认知语言学的科学化之痒。对于探索隐喻思维这项复杂的工程而言，仅仅聚焦于语言证据是远远不够的。打破传统研究方法的一些先验预设，对基本概念进行元反思，不断挖掘新视角，避免陷入单向解构路径，加强实证研究力度，为研究合法性提供认识论基础，是该学科得以蓬勃发展的必经之路。而划拳这一中国独特的文化习俗，也正是人们用以表达认知、习俗和世界的一种有效方式，是认知语言学涉身性的具体表现。本文以传统的概念隐喻理论为基石，引入神经科学和社会认知的最新成果，对川渝和福建客家地区划拳中的言语和非言语隐喻进行了分析，不仅再次确定了概念隐喻理论自身的信度并且大大扩大了其应用的效度。打破传统研究中将二者分离的思维方式，引入对文化因素的考察，是为完善认知语言学中科学与人文的双重性格和寻求研究范式"多元一体式"整合的一次有益尝试。

参考文献：

[1] Kovecses, Z., 2005. Metaphor in Culture [M]. Cambridge: Cambridge University Press.

[2] Lakoff, G. & M. Johnson, 1980 /2003. Metaphors We Live By[M]. Chicago: The University of Chicago Press.

[3] Lakoff, G., 2008. The neuroscience of metaphoric gestures[A]. In Alan Cienki & Cornelia Müller (eds), Metaphor and Gesture[C]. Amsterdam/Philadelphia: John Benjamins Publishing Company.

[4] McNeill, D., 1992. Hand and mind: What gestures reveal about thought [M]. Chicago: The University

of Chicago Press.

[5] Nunez, R., 2008. A fresh look at the foundations of mathematics: Gesture and the psychological reality of conceptual metaphor[A]. In A. Cienki & C. Müller (eds.), Metaphor and Gesture[C]. Amsterdam/ Philadelphia: John Benjamins Publishing Company.

[6] Reddy, M., 1979. The conduit metaphor: A case of frame conflict in our language about language[A]. In A. Ortony (ed.), Metaphor and thought[C]. Cambridge: Cambridge University Press.

[7] Handl, S. & H-J. Schmid, 2011. Windows to the mind: metaphor, metonymy and conceptual blending[C]. Berlin /New York: De Gruyter Mouton.

[8] Talmy, L., 2007. 认知语义学十讲 [M]. 外语与教学研究出版社 .

[9] 辜正坤, 2004. 互构语言文化学原理 [M]. 清华大学出版社 .

[10] 江桂英, 李恒, 2011. 概念隐喻研究在神经科学中的新进展——以心理现实性问题为例 [J]. 外语教学与研究, 24(6): 934-941.

[11] 陆俭明, 2009. 隐喻、转喻散议 [J]. 外国语, 32(1): 44-50.

[12] 文旭, 叶狂, 2003. 概念隐喻的系统性和连贯性 [J]. 外语学刊, 114(3): 1-8.

英语演讲中言语 – 手势多模态隐喻的融合研究

一、引言

隐喻不仅是语言的"装饰"，而且是人们对世界及自身活动进行概念化的基本认知方式。Lakoff 和 Johnson（1980）指出，隐喻不是修辞，而是思维模式。由此，我们可以得知隐喻不仅外显在语言中，而且还广泛存在于其他交流模态中，如图片、音乐、声音和手势等。以往的研究过分强调隐喻思维的言语表征，这遮盖了一些仅靠言语模态无法表征的隐喻思维（Forceville & Urios-Aparisi，2009：4）。口头语言是一个本身就以多模态为特征的交际情景（Müller & Cienki，2009：297），故应用于该交流形式中的隐喻具有多模态潜质。语伴手势（co-speech/co-verbal gestures）作为与有声语言伴生而来的自发性手势不只是言语的"插图"（illustrators），更是"内在于话语本身的一部分"，（Kendon，1980；McNeill，1985）是通向说话者思维过程的窗口。（McNeill，1992；Cienki & Müller，2008a）故近年的隐喻研究越来越注重从手势研究中取材，（Cienki & Müller，2008a，2008b；Littlemore，2009）并有力地证明了隐喻是各种模态下认知加工过程的产物。隐喻的始源域和目标域之间的关系抑或仅以一个模态表达，抑或以两个或两个以上模态表达。在面对面的多维交际中，"模态"主要有两个：一个是由口头表达而主要通过声音加以感知的口头 / 听觉模态；另一个是主要通过视觉对空间中的身体姿势和运动加以感知的空间 / 视觉模态（Müller & Cienki，2009：299）。仅以口头 / 听觉模态或空间 / 视觉模态传达始源域和目标域映射关系的言语隐喻或手势隐喻为单模态隐喻，而以口头 / 听觉模态和空间 / 视觉模态共同传达始源域和目标域间映射关系的言语 - 手势隐喻（verbo-gestural metaphor）为多模态（bimodal）隐喻。口语中的多模态隐喻是说话者 / 手势者和听者 / 观众创造隐喻性过程的产物。隐喻性是指用一个概念去理解和体验另一个概念（Müller & Cienki，2009：297）；是一般的认知原则，促使各种模态的隐喻表达及新的概念隐喻的创造（Cienki & Müller，2008：493）。本族语者能自动建构和理解这样的隐喻性，并在他们的言语中自发地使用隐喻，但外语学习者在理解和产出隐喻时须付出额外的认知努力，因为他们不易接触目标语标准的或偏离的意义（Kathpalia & Carmel，2011）。因此，本研究试图通过对 6 名以英语为外语的高水平学习者在英语即兴演讲和问题回答会话中使用隐喻的情况进行统计分析，以了解外语学习者的隐喻能力，并从多模态的视角考察言语生成过程中，言语隐喻和手势隐喻是如何融合的。

二、言语－手势隐喻的研究概述

Forceville（2009：22）把模态简要定义为"可利用特定的认知过程进行阐释的符号系统"，认为不同模态的存在是个不争的事实，且模态至少包括以下几种：（1）图像符号，（2）书面符号，（3）口头符号，（4）手势，（5）声音，（6）音乐，（7）气味，（8）味道，（9）接触。（Forceville，2009：23）因此，我们可以把单模态隐喻定义为目标域和始源域只用或主要用一种模态来表征的隐喻，如图片隐喻（pictorial metaphor）、言语隐喻、手势隐喻等。多模态隐喻是指始源域和目标域分别用或主要用不同的模态来表征的隐喻，如言语-图像隐喻（Forceville，1996）、言语-手势隐喻等。（Müller，2004，2008）作为多模态隐喻研究的倡导者，Charles Forceville 从认知的角度对平面广告、漫画、电视广告及电影中的图像隐喻的系列研究（如 Forceville，1996，2009）为多模态隐喻研究奠定了扎实的基础，使囿于认知语言学范畴内的概念隐喻研究真正进入一个具有更广的人文视野的跨学科研究阶段。他对多模态隐喻详尽的描述性研究体现了多模态隐喻研究的应用价值及实践意义。

在当代隐喻理论的指导下，Alan Cienki 是把隐喻和手势联系起来进行系统研究的第一人（Cienki，1997，1998）。Calbris（1990）和 McNeill（1992）发现伴随言语的隐喻手势现象为 Cienki 开始对隐喻手势与言语间相关联的方式进行研究奠定了基础。Cienki（1998）区分了以隐喻表达言语和手势间关系的五种形式：（1）伴有手势隐喻的言语隐喻（共享始源域和目标域），（2）伴有手势隐喻的言语隐喻（不同始源域但共享目标域），（3）伴有非隐喻或低隐喻手势的言语隐喻；4）无伴随性手势的言语隐喻，（4）伴有隐喻手势的非言语隐喻。Cienki & Müller（2008）较为详尽地论述了隐喻、手势和思维之间的关系，倡导我们不应停留在从某一特定的模态来思考隐喻，而应把隐喻从本质上看作是多模态的。Müller & Cienki（2009：307）指出在言语和手势两个模态中，通过相同的始源域和目标域及相同的目标域和不同的始源域呈现的多模态隐喻非常普遍，但以相同的始源域和不同的目标域呈现的言语-手势多模态隐喻则较为罕见。他们对言语—隐喻手势的研究表明，"死隐喻"，即高度规约化的隐喻，也被作为隐喻表达而积极地加工，揭示了语篇中多模态隐喻的动态性本质。Mittelberg & Waugh（2009）通过对手势语中多模态隐喻进行分析后指出，手势也可以呈现语言所没有传达的概念隐喻；而且，在手势中，转喻是理解隐喻不可或缺的一步。"事实上，几乎所有的隐喻解读都是依赖通过转喻所获得的手势解读：

手在空气中的移动轨迹必须首先被解读为意指某种框架；只有以此为基础，才能领会隐喻诱发的物体"。（Mittelberg & Waugh，2009：337）中国台湾学者 Chui（2011）分析了有关"制茶"和"谈恋爱"两段汉语日常会话中交际双方手势中出现的概念隐喻，结果表明在即时多模态交际中，隐喻手势能为人们了解反映说话者注意焦点的概念化方面提供显性的额外信息。以上学者有关手势隐喻的研究为多模态隐喻研究构建了较好的理论框架。

随着隐喻研究的深入，学界对二/外语学习者隐喻能力的研究也越来越重视。如 Littlemore（2001）发现母语为非英语者（国际学生）在英国大学课堂里常常误解和不理解教师使用隐喻所传达的信息及其态度，这对学生的学术成绩产生严重影响。基于此研究，Littlemore *et al.*（2011）深入探讨了隐喻在多大程度上以何种方式影响国际学生对学术课程理解的问题。在 2012 年 10 月第三届全国认知语言学与二语习得讲习班上，Littlemore 以"学术指导中的言语和手势隐喻"为题展示了言语和手势隐喻对语言学习者的重要性及其作用。近年来，我国学者也开始关注隐喻教学对我国外语学习者隐喻能力发展的影响。（李福印，2004；赵明，2009；苏远连，2012）隐喻能力是指理解和生成隐喻的能力（Littlemore & Low，2006）。而目前的隐喻能力研究大都只从言语隐喻的角度对外语学习者的隐喻理解能力进行考察，忽略了手势隐喻，言语—手势隐喻理解和生成能力的重要性及其在诸如演讲这类大语篇和会话这类互动性更强的语篇中使用频率的差异。因此，本文在前人研究的基础上，以英语演讲视频为语料，对中国高水平外语学习者在英语即兴演讲和问题回答会话中使用隐喻的情况进行统计分析，欲探讨以下问题：

（1）单模态隐喻与多模态隐喻在即兴演讲和问答会话中的差异如何？

（2）中国高水平外语学习者在英语演讲和问题回答会话中使用言语隐喻、手势隐喻和言语—手势隐喻的差异如何？

（3）从多模态的视角考察，在言语生成过程中，中国高水平外语学习者的言语隐喻和手势隐喻融合程度如何？

三、研究方法

1. 研究对象

本文的研究对象为 2011 年"'外研社杯'全国英语演讲大赛"第四阶段（总决赛）争夺冠军、亚军和季军的 6 名选手，因此为中国高水平外语学习者。他们都是来自全国各地的在校大学生，其中男生 3 人，女生 3 人。

2. 研究材料

本研究之所以选择第四阶段（总决赛）的第一部分即兴演讲和第二部分评委与

选手的问答会话为研究材料，主要是因为本阶段话题一致，围绕"经济"这一抽象概念为话题进行，演讲者可能使用更多的隐喻来论述观点。这样的材料也符合 Núñez和 Sweetser（2006：3）对手势隐喻的选材所提出的标准：通过视频记录言语过程中即时生成的手势隐喻，以保证语料的真实性而非实验诱导。即兴演讲中，6 位选手以法国戛纳 G20 峰会为背景，分别代表美国、德国、日本、中国、希腊和南非来争夺世界银行的一百亿美元贷款，以应对当前严峻的经济危机，刺激本国经济发展；演讲时间为每人 3 分钟。问答会话中，2 位评委就每位选手即兴演讲的内容进行挑战性提问，评委和选手每轮问答的时间不超过 30 秒，此环节总时间为每人 3 分钟。

3. 数据处理

我们对 6 名选手在即兴演讲和问答对话中的言语隐喻和手势隐喻逐一进行辨认和编码，具体方法如下。

（1）言语隐喻编码

本研究按照 Pragglejaz Group（2007）给出的定义及其隐喻辨认程序（metaphor identification procedure，即 MIP）来进行言语隐喻的编码。该程序是辨认特定语境下被隐喻性地使用的词语灵活可靠的方法。当一个词汇单元的意义在给定的语境中与其更基本的当代意义不同，并且可以通过与其更基本意义进行比较的方式来理解当前语境中的意义时，这个词汇单元被看作是言语隐喻。应用 MIP 首先就要确定一个词汇单元的情景意义，然后核实其"更基本的当代意义"。其判断标准为，具体的实物或身体动作比其他意义更具体、更具有历史性。如果前者可以通过与后者进行比较来理解，那么该词汇单元就可认定为隐喻。例如，演讲者在争取贷款，力劝世界银行不要把这十亿美元贷给希腊时说，"And it is, you know, it is a hole and we can not fill it"，我们把 "hole" 看作言语隐喻，喻指"经济缺口"。

（2）手势隐喻编码

本文只处理演讲者演讲和问答会话过程中由手及手臂所做的手势，关注其位置、方向和运动，不处理"自我调整"状况下的手动动作（如调整话筒高度、自己的眼镜框等）。一个典型的手势经历三个阶段——准备、比划（stroke）和撤回（retraction）。我们使用截图软件 HyperSnap-6.90 截取 6 位选手在演讲和问答会话中可视的手势比划部分的视频。一般来说，隐喻手势以具体表征抽象。因为抽象指称手势本质上就是隐喻的，它用物质的或时空意象表征来传达非物质概念。但隐喻是以彼事物来理解此事物的认知过程，因此在言语和手势中都可以用具体事物来理解另一具体事物，如言语隐喻中的 "the foot of a mountain, the leg of a table, the arm of a chair"；用一个类似沙漏的手势来形容一个女人的 "S" 型身材等。（Cienki & Müller 2008：485）因此，本文提到的隐喻手势是指能进行活跃的跨域映射，即能反映运用其他事物来理解某一事物认知过程的手势。（Cienki, 1998; Müller, 2004;

Cienki & Müller, 2008）运用言语和手势两个模态共同构建始源域和目标域间映射关系的隐喻被编码为言语—手势隐喻，如上一小点中提到的"hole"是言语隐喻。同时，在讲到"And it is, you know, it is a hole and we can not fill it"时，演讲者做出右手手心朝上，五个手指呈微握状的手势来表征抽象的"经济缺口"概念，因此，"hole"被编码为言语—手势多模态隐喻。

根据以上定义和程序，本文两位作者分别对演讲中的言语隐喻、手势隐喻及言语—手势隐喻进行辨认和编码，首次一致度达到 92.6%。存在差异的部分经过多轮讨论，最后一致度达到 98.2%。由于隐喻类型的数据为分类数据，故用统计分析软件 SPSS 17.0 中的卡方（$\chi2$）检验进行数据的差异分析，显著性水平设定为 a=0.05，运用 Excel 2003 软件制作相关图表。

四、研究结果及讨论

1. 单模态隐喻与多模态隐喻在即兴演讲和问答会话中的差异

6 名选手在即兴演讲和问答会话中共产生隐喻 357 个，每人每分钟平均约 12 个，可见隐喻密度较高，反映 6 名外语学习者的英语隐喻生成能力较强。如图 1 所示，无论是在即兴演讲还是在问答会话中，外语学习者使用单模态隐喻的频率均显著高于多模态隐喻［$\chi2(1)$=23.07, p=0.00；$\chi2(1)$=6.522, p=0.01］。因此，我们可以确定的是，在日常交际中，外语学习者和母语使用者同样使用隐喻表达，但未必伴随相应的隐喻手势（Müller & Cienki, 2009：302），或隐喻常以手势表达而相伴的言语中并没有手势（Müller & Cienki, 209：303）。

即兴演讲中单模态隐喻的使用频率比问答会话高 6.71%，差异显著［$\chi2(1)$=17.655, p=0.00］；而问答会话中多模态隐喻的使用频率比即兴演讲高 6.71%，但差异不具显著性［$\chi2(1)$=2.32, p=0.13］。在诸如演讲这种大语篇中演讲者使用比在会话这类交互性更强的小语篇中更多的言语隐喻和 / 或手势隐喻来传达信息，而问答会话中演讲者使用更多的言语 - 手势隐喻来帮助演讲者理清隐喻思维或听者判定其隐喻意义。

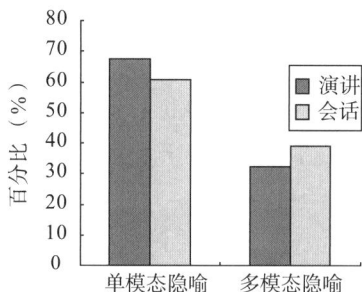

图 1 单模态及多模态隐喻在演讲和会话中的频率

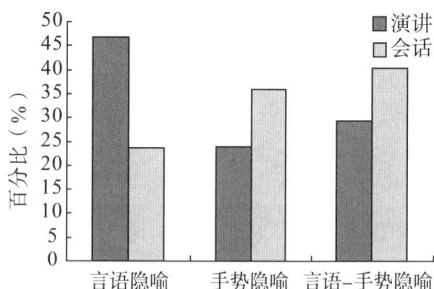

图 2 各类隐喻在演讲和会话中的频率

2. 即兴演讲与问答会话中各类隐喻使用频率的差异

如图 2 所示，在即兴演讲中，言语隐喻使用频率最高，言语—手势隐喻次之，手势隐喻使用频率最低，且差异存在显著性［$\chi2(2)=8.00$，$p=0.02$］；在问答会话中，言语—手势隐喻使用频率最高，手势隐喻次之，言语隐喻最低，且差异具有显著性［$\chi2(2)=7.35$，$p=0.03$］。这些结果很好地印证了 Müller & Cienki 的观点："单模态隐喻经常出现在词语中，但也会在手势中存在"（2009：303）。侧面反映概念隐喻的研究者们之所以大量运用言语中的隐喻来进行立据是因为在大语篇中言语隐喻的频率很高。当前的手势研究大多以日常会话为研究背景，正是由于手势隐喻及言语—手势隐喻在会话语篇中频率较高。即兴演讲中言语隐喻的使用频率比问答会话高出 23.18%，且差异极其显著［$\chi2(1)=29.51$，$p=0.00$］。问答会话中的手势隐喻和言语—手势隐喻分别比即兴演讲高 12.20%、11.16%，但差异均不显著［$\chi2(1)=0.15$，$p=0.70$；$\chi2(1)=2.31$，$p=0.13$］。言语—手势隐喻在即兴演讲和问答会话中使用频率都较高，这可以用"具体的思维模式比纯抽象的命题思维更易加工"（McNeill，1992：263）来解释。

即兴演讲中的言语隐喻使用频率很高，因其主要具有意念功能（ideational function）。演讲者在即兴演讲中使用大量系统的言语隐喻来使语篇连贯统一（White，1996，2004），特别是言语隐喻集合（Boers，1997）。如一位选手在论述中国经济和世界经济的关系时说，"We all know that for a car, if the engine doesn't function properly, no matter how skilled the driver is, he can't possibly get the car moving. The same rule applies to China as the engine of the world economy." 用了系统的隐喻集合 "THE WORLD ECONOMY IS A CAR"，"CHINA'S ECONOMY IS THE ENGINE OF THE CAR"，"THE OTHER COUNTRIES ARE THE DRIVER OF THE CAR" 来清晰地表达中国经济对世界经济的重要性。在结尾处，演讲者继续使用这一隐喻，"Ladies and gentlemen, let's fill the engine of the world so that you can race its way ahead toward prosperity and hope, thank you!"，使得演讲前后连贯，论述强而有

力。此外，在前面隐喻的基础上，演讲者通过增添新的隐喻"THE LOAN OF ONE BILLION IS THE OIL"，"ENOUGH OIL IS THE POWER OF RACING AHEAD"等来增强这笔贷款对中国和世界经济的益处。因此，我们可以看到隐喻为经济语言提供了透明度（transparency）和凸显了专业性（specificity），具有很强的说服力。演讲者通过利用隐喻产生的推断模式和价值判断调控听众的想法，让他们对中国目前的经济形式有更具体、更清晰的认识。（Severino *et al.*，1988，转引自 Cortés de los Ríos，2010：83）在本例中，演讲者总共用了 3 个言语 - 手势隐喻（如图 3、图 4、图 5），相对于形式多样的言语隐喻而言，这几个言伴隐喻手势则运用单一的手形——双手手心朝上，十指张开置于胸前来表征话题的连贯统一。

图 3　For a car　　　图 4　no matter how skilled　　　图 5　fill the engine

3. 言语 - 手势多模态隐喻的融合

通过上述统计分析，我们可以看出言语 - 手势隐喻在日常交际中，特别是在会话中的普遍性和重要性。作为多模态隐喻，其始源域和目标域在言语和手势两个模态中得以表征。本研究数据反映言语隐喻和手势隐喻在语义和 / 或框架层面进行融合，下面我们结合本研究中的实例来探讨外语学习者如何在语义和框架层面构建言语 - 手势多模态隐喻的隐喻性。

（1）言语 - 手势隐喻在语义层面的融合

本研究中大多数言语 - 手势隐喻都共享始源域和目标域，融合了语义结构的词汇意义和概念意义。如 "Those domestic problems cannot be solved in a very short time." 中包含有言语隐喻 "TIME IS A MEASURABLE OBJECT"，其相应的隐喻手势——双手手心相对，手指微向里弯曲，似拿着某短小物体状（图 6），凸显了言语隐喻中无法表达的 "短" 的程度，故与言语隐喻相伴的隐喻手势很好地融合了概念意义 "an object" 及 "short" 的词汇意义 "短"。在本例中言语隐喻使得目标域凸显（TIME），而通过描述始源域（A SHORT OBJECT），手势阐释了有关目标域的隐喻思维。通过隐喻手势，我们可以看出这一常规隐喻或死隐喻（dead metaphor）在演讲者在线加工这一隐喻时被激活，从而成为了 "醒喻"（waking metaphor）。（Littelemore，2009；Müller，2008）

有些言语—手势隐喻，言语隐喻和手势隐喻同时凸显目标域，如在 "And it is,

you know, it is a hole and we can not fill it" 中，演讲者运用言语隐喻 "GREECE IS A HOLE" 来强调希腊经济缺口是个无底洞，无法填补，但如图 7 所示她做的隐喻手势则融合了 "hole" 的概念意义 "有底无封口的容器"，右手手心朝上，突出了 "洞" 的朝向方位；五指向内弯曲，凸显 "洞" 的形状为圆形，这一隐喻手势表征了洞的原型特征，表达了言语隐喻无法描述的 "洞" 的大小、形状等特征（McNeill, 1992），通过转喻——洞底和洞壁代 "洞" 这一前提来理解其隐喻意义——经济缺口，这也很好地诠释了 "转喻第一，隐喻第二，转喻是理解隐喻的基础"（Mittelberg & Waugh, 2009）的理念。"hole" 的词汇意义及概念意义被用以生成手势，在即时加工时表现出 "认知活跃性"。（Müller, 2008: 100）

图 6　in a short time　　　　图 7　it（Greece）is a hole

　　本研究中，我们发现有很多隐喻手势的形成先于其相关词汇（lexical affiliate, 指与手势语义相关的词汇单元）。如在 "You know nowadays, in our country [a lot of, you know, the general level] of education [is sinking]." 中，演讲者在讲出 "a lot" 时就做好了图 8 这一表征 "the general level of education" 的手势；这一手势持续到 "education" 结束，随着 "is" 的出现，表征 "level" 的手心朝下的这一手势就开始徐徐往下移动，故表征 "sink" 的隐喻手势也先于其词汇。McNeill & Duncan（2000）认为手势常先于其相关词汇这一现象为 "在一个意念单元中，视觉及言语要素是融合统一的，随着言语和手势的表达而展开" 假设提供了证据。这一隐喻手势体现了较强的涉身认知，以日常生活中所体验到的具体物体往下沉这一现象来描述教育水平下降这一抽象概念。语义上与相关词汇一致而时间上常常先于相关词汇的隐喻手势使抽象的隐喻思维具体化，以促进听众理解说话者复杂且抽象的交际意图。（Alibali et al., 2001）

图 8 the general level of education

图 9 is sinking

言语—手势隐喻在语义层面的融合体现了手势和言语在表达同一隐喻时共同分担交际负荷,进一步证明隐喻并不仅局限于言语这一表达媒介,也可能通过多模态得以实现。(Müller, 2004; Müller & Cienki, 2009)

(2)言语—手势隐喻在框架层面的融合

框架是根植于人们社交过程里反复出现的社会文化活动或个别事件中知识的认知结构。框架知识能对人们的思维产生框架效应。(Kahneman, 2003)因此,框架知识不仅通过语言表现其角色及角色关系,也可以通过手势表达。语义知识的一个框架至少包括情景、角色、角色关系和脚本。手势不仅可以揭示一个情景中与言语不同的角色和角色关系,而且还与言语协作共同表达一个框架脚本的某些部分、勾勒同一情景的不同方面(Chui, 2012)。隐喻是跨域映射,一个域的框架被映射到同样由框架构建的另一域中(Lakoff, 2008:28)。基于框架的知识使得新的概念隐喻易于学习和理解(Lakoff, 2008)。如在"We America is a sick doctor, if we want to save the sick patient, the whole world economy, we have to cure the doctor first"中,利用转喻——以个体"我"代表整体"美国",这一手势同时表征了隐喻的"始源域"和"目标域"。演讲者的言语隐喻反复构架了"生病框架"中医生治疗病人这一系列相关事件,而如图10的隐喻手势——双手手心朝里,双手拇指朝上,其他八指相扣,紧贴在腹部,加上痛苦的表情,突显了"生病框架中""病症"的状况;再如图11,演讲者双手手心朝上、十指微向内弯犹如托住一个物体,这一隐喻手势凸显治疗"全球经济病"的方式是提供经济"支撑"等帮助。通过激活"生病框架",演讲者用手势模拟了医生—治疗—病人过程,凸显了其中的个别特征,这些特征被映射到"经济危机框架"中,促成了言语—手势隐喻的框架融合,其中隐喻性的构建是一个多模态的动态过程。

图 10　We America is a sick doctor

图 11　we want to save the sick patient

但在我们的研究语料中，很多演讲者都存在手势惰性，使得听众不易分辨其相关手势隐喻的概念框架。手势惰性（gestural inertia）是指在一系列的语义和语用转换中重复使用同一个手势（McNeill，1992）。尽管相关词汇意义及言语隐喻的框架不断变化，但手势形式却保持一致，这种现象的深层动因还有待进一步研究。另外，也有演讲者（如本场总决赛冠军）在即兴演讲过程中完全不使用手势，在问答会话中也仅使用 5 个手势，其中 2 个是言语—手势隐喻，但其言语隐喻使用频率在所有选手中均属最高，故其总体表现力似乎并未受到影响，这从其所得名次可以推知。排除非学术变量可能带来的影响，该现象无疑也对外语学习者语伴手势表现力问题的研究提出了新的挑战。

五、结语

隐喻作为涉身认知的普遍思维模式，独立于模态而存在，既可以通过言语、手势单模态表征，又可通过言语和手势两个模态共同表征。本文通过对 6 名以英语为外语的高水平学习者在英语即兴演讲和问答会话中言语、手势单模态隐喻和言语 - 手势多模态隐喻统计分析，结果表明无论是在即兴演讲还是在问答会话中，外语学习者使用单模态隐喻的频率均显著高于多模态隐喻；在即兴演讲中，言语隐喻使用频率最高，言语 - 手势隐喻次之，手势隐喻使用频率最低，在问答会话中，言语 - 手势隐喻使用频率最高，手势隐喻次之，言语隐喻最低；即兴演讲中言语隐喻使用频率显著高于问答会话，问答会话中的手势隐喻和言语 - 手势隐喻使用频率均比即兴演讲高，但差异均不显著。

在定量研究的基础上，我们结合定性研究的方法探讨了言语—手势多模态隐喻在语义和框架层面的融合，揭示了在外语学习者的言语—手势隐喻生成过程中，语义和框架跨域映射时隐喻性的动态构建。总体而言，6 名高水平外语学习者无论是隐喻使用的数量还是质量都表现出较强的单模态和多模态隐喻能力，但仍存在一些诸如多模态隐喻中言语隐喻和手势隐喻不相匹配、隐喻手势惰性等问题。隐喻能力是交际能力的重要组成部分，学习者具有交际能力的重要标志是能够得体地使用隐喻性目标语，故应将其纳入外语教学的范畴。限于本研究的样本较小，外语学习者在互动性更强的问答会话中手势隐喻和言语—手势隐喻的使用频率是否能显著高于在即兴演讲这类大语篇，这样的问题还有待未来研究证实。在言语和手势生成过程中，隐喻和框架的认知交互；如何有效地把多模态隐喻融入到外语教学中都是些值得我们继续探索的问题。

参考文献：

［1］ Alibali, M. W., D. C. Heath & H. J. Myers, 2001. Effects of visibility between speaker and listener on gesture production: Some gestures are meant to be seen [J]. Journal of Memory and Language, 44(2): 169-188.

［2］ Calbris, G., 1990. The Semiotics of French Gestures [M]. Bloomington: Indiana University Press.

［3］ Cienki, A., 1997. Motion in the metaphorical spaces of morality and reasoning as expressed in language and gesture [J]. International Journal of Communication: A Review of Cognition, Culture and Communication, 7 (1/2): 85-98.

［4］ Cienki, A., 1998. Metaphoric gestures and some of their relations to verbal metaphorical expressions [A]. In Jan-Pierre Koenig(ed), Discourse and Cognition: Bridging the Gap. Stanford, CA: Center for the Study of Language and Information: 189-204.

［5］ Cienki, A. & C. Müller, 2008a. Metaphor and Gesture [M]. Amsterdam: John Benjamins.

［6］ Cienki, A. & C. Müller, 2008b. Metaphor, Gesture, and Thought [A]. In R. Gibbs(ed). The Cambridge Handbook of Metaphor and Thought[C]. New York: Cambridge University Press: 483-501.

［7］ Cortés de los Ríos, M. E., 2010. Cognitive devices to communicate the economic crisis: An analysis through covers in The Economist [J]. Ibérica, 20: 81-106.

［8］ Chui, K., 2011. Conceptual metaphors in gesture [J]. Cognitive Linguistics, 22: 437-458.

［9］ Chui, K., 2012. Gestural manifestation of knowledge in conceptual frames [J]. Discourse Processes, 49(8): 599-621.

［10］ Forceville, C., 1996. Pictorial Metaphor in Advertising [M]. London/New York: Routledge.

［11］ Forceville, C., 2009. Non-verbal and multimodal metaphor in a cognitivist framework: Agendas for research [A]. In C. J. Forceville & E. Urios-Aparisi (eds.), Multimodal Metaphor [C]. Berlin, New York: Mouton de Gruyter: 19-42.

［12］ Forceville C. & E. Urios-Aparisi, 2009. Multimodal Metaphor [M]. Berlin, New York: Mouton de Gruyter.

［13］ Kahneman, D., 2003. A perspective on judgment and choice [J]. American Psychologist, 58: 697-720.

［14］ Kathpalia, S. S. & C. Heah, 2011. Metaphorical competence in ESL learners' writing [J]. RELC Journal, 41(2): 273-290.

［15］ Kendon, A., 1980. Gesticulation and speech: Two aspects of the process of utterance[A]. In M. Ritchie Key (ed.), Nonverbal Communication and Language. The Hague: Mouton: 207-227.

［16］ Lakoff, G., 1993. The contemporary theory of metaphor [A]. In A. Ortony(ed). Metaphor and Thought

(2nd ed.)[M]. Cambridge: Cambridge University Press: 202-251.

[17] Lakoff, G., 2008. The neural theory of metaphor[C]// R. W. Gibbs. *Metaphor and thought*. Cambridge, UK: Cambridge University Press: 17-38.

[18] Littlemore, J., 2001. The use of metaphor by university lecturers and the problems that it causes for overseas students [J]. Teaching in Higher Education, 6(3): 335-351.

[19] Littlemore, J., P. Chen., J. Barnden & A. Koester, 2011. Difficulties in metaphor comprehension faced by international students whose first language is not English [J]. Applied Linguistics, 32(4) : 208-429.

[20] Littlemore, J., 2009. Applying Cognitive Linguistics to Second Language Learning and Teaching [M]. Basingstoke/New York: Palgrave Macmillan.

[21] Littlemore J., 2012. Verbal and gestural metaphors in Academic Tutorials [Z]. The 3rd National Conference on Cognitive Linguistics and SLA.

[22] Littlemore, J. & G. Low, 2006. Metaphoric competence and communicative language ability [J]. Applied Linguistics, 27 (2): 268-294.

[23] McNeill, D., 1985. So you think gestures are nonverbal? [J] Psychological Review, 92(3): 350-371.

[24] McNeill, D., 1992. Hand and Mind: What Gestures Reveal about Thought [M]. University of Chicago Press, Chicago.

[25] McNeill, D. & S. D. Duncan, 2000. Growth-points in thinking-for-speaking [A]. In D. McNeill (ed.), Language and Gesture [C]. Cambridge: Cambridge University Press: 141-161.

[26] Mittelberg, I. &L. R. Waugh, 2009. Metonymy first, metaphor second: A cognitive-semiotic approach to multimodal figures of thought in co-speech gesture [A]. In Forceville & E. Urios-Aparisi (eds.), Multimodal Metaphor [C]. Berlin, New York: Mouton de Gruyter: 329-356.

[27] Müller, C., 2004. Forms and uses of the palm up open hand: A case of a gesture family? [A]. In C. Müller & R. Posner (eds.), The Semantics and Pragmatics of Everyday Gestures [C]. Berlin: Weidler. 233-256.

[28] Müller, C., 2008. Metaphors—Dead and Alive, Sleeping and Waking: A Dynamic View [M]. Chicago: University of Chicago Press.

[29] Müller, C. & A. Cienki. 2009. Words, gestures and beyond: Forms of multimodal metaphor in the use of spoken language [A]. In C. Forceville & E. Urios-Aparisi(eds.), Multimodal Metaphor[C]. New York: Mouton de Gruyter: 297-328.

[30] Pragglejaz Group, 2007. MIP: A method for identifying metaphorically used words in discourse [J]. Metaphor and Symbol, 22(1): 1-39.

[31] 李福印, 2004. 概念隐喻与意象图式在英语学习中的应用 [M]. 北京：中国文史出版社 .

[32] 苏远连, 2012. 英语专业高年级学生在教学条件下隐喻能力的发展—隐喻生涯假说阐释 [J]. 外语教学与研究 44(2): 207-320.

[33] 赵明, 2009. 隐喻教学促进隐喻能力发展的实证研究 [J] . 湘潭师范学院学报, 6: 184-186.

第三部分
认知语义学研究

英语现在时非现在时间指称用法的认知研究述评

一、导语

英语中的时态是指动词词形和说话者概念之间的关系或者说事件发生的时间和说话时的关系。英语有两种基本时态（Quirk *et al.*，1985）：现在时和过去时。传统英语语法常把时态和时间概念等同，简单地认为现在时即是对现在的所指，过去时就是对过去的描述（Langacker，1991）。但实际上，英语时态常常并不用于表示事件实际发生的时间。例如，用现在时指代将来发生的事件，过去时并不表示事情发生在过去的时间，而是表示与现在实际情况相反等。本文将其统称为时态的"非时间指称"用法。

传统语法研究把时态的时间指称用法和非时间指称用法简单地理解为"意义"和"用法"的对立，即如果是能从字面意思理解到的时态意义，就是它的时间指称用法；如果需要借助于语境信息才能得出的含义，就是非时间指称用法。Westney（1994）指出："时间指称用法在教学中被摆在第一位，其他则被看作'补充'，结果导致学习者学习起来吃力，使用时又错误百出。"Pinker 和 Prince（1988）就将这两种用法简单解释为：前者是一种符号运作，后者是一种记忆操作。但从 20 世纪 60 年代起，多数语言学家将语法的研究重点从规定描写语言现象转向了解释语法的深层次原因，这当中又以认知语言学派的贡献最为显著，尤其是莱考夫的隐喻观，Langacker 的认知语法，Fauconnier 的概念整合等。本文以认知语言学为基础，综述上述几个流派的主要观点，试图对英语现在时的非现在时间指称用法作出解释。

二、Langacker 认知语法中的解释

Langacker（转引自王寅，2005：112）提出句法结构来自人类概念化了的"典型事件模型（Canonical Event Model）"，而典型事件模型又是来自人们对许多场合下各种类型的身体经验的概括认识。认知语法与传统语法最大的不同在于，前者认为语义是语言研究的中心，句法不是自治的，不是一套简单的规则转换，而是以语义为基础建构的。因此，它认为时态不是单纯的语法问题，其描写必须参照人的一般认知规律，语法可以在人的心智概念中找到对应物。

Langacker（1991：241）认为，将时态等同于事件发生的时间和说话时的时间是一种过度的简单化。我们可以看到许多现在时常常并不表示现在发生的事，而是用于表示将来发生的事（如 The tournament starts tomorrow）或者可以表示无明显时间特征的表述（如 Energy equals mass times the square of the speed of light）。他进一步结合例句列举了现在时的七种非现在时间指称用法：

（1）Whenever I give Fido a bone, he buries it.

（2）What does a paranoid miser do with his money? He buries it.

（3）Yorick walks to center stage. He picks up a skull. He examines it. He buries it.

（4）The king is sad because his favorite dog has just died. He buries it tomorrow at a state funeral.

（5）I'm sitting on the porch yesterday and this suspicious-looking guy comes into my yard carrying a sack. He buries it. Then he looks up and sees I'm watching.

（6）McHale passes to Bird. Bird moves out to 3-point range. He shoots. He buries it!

（7）If he buries it, he will never find it again.（Langacker, 1991：265-266）

（1）表示的是一种习惯性动作，（2）代表的是一种对真理的陈述。这两句话中，动词现在时都不是凸显的一个特定事件，如（2）既不指某一个特定的 miser，也不表示这个状态会永远持续下去。以（1）为例，虽然这种情况并非永远存在，但它在 Fido 有限的生命里是稳定发生的。因此，这里的现在时表示的是一个具有稳定结构、不会随着时间的迁移而发生改变的事件。根据 Langacker（1991）提出的"结构世界模型（Structured World Model）"，世界是按照一定的方式构造而成的。其中，事

件发生的概率有大有小。有些属于偶发事件(incidental),另外有些则体现了世界结构的某一方面,当满足一定的前提条件后,它们就必然发生。现在时可以用来描述这种稳定的状态,比如现在时中表示经常性的动作和真理的陈述就是这种用法,都可用该模型加以解释。(3)并不标示(designate)任何具体的动作,而是表明这一动作是"事件常态(normal course of events)"的一部分,即好比建构了一个有序的虚拟世界,这个世界是具有体验性的,等待着选择做这件事的人按时间顺序去完成,它的结果就是可预期的,这种用法常见于剧本,如舞台说明。(4)Langacker(2001)认为例 4 这种表达类似于一种记录未来事件的"虚拟计划(Virtual Schedule)",其中包括了一系列的虚拟事件(Event1、2、3...)(见图 1)。图 1 的虚线代表虚拟事件对应于它们在某个将来时间必定发生,但是这些计划毕竟是虚拟的,尽管它预示着未来,人们在心理上却只能通过现在的时间才能理解。Taylor(2007:226)也认为这种用现在时表示计划安排的用法强调的是"现在计划已经确定下来",而不是表达一个发生在将来的事件。

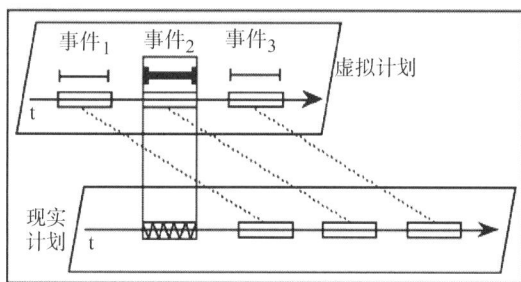

图 1 虚拟计划(Langacker,1991)

(5)表示的是说话人在描述一个已经发生过的历史事件时,却好像把它们当作现在的事件来展开描述。按照 Langacker 的解释,这种用法涉及到"指示中心(deitic center)"的变化。说话人为了达到"vividness(逼真)"的效果,将其变成了可直接感知(immediate)的内容。说话人将指称中心(时态的参照点)从"当时当地(here-and-now)"转变到了过去事件发生的时间和地点,让人们好像穿越时光隧道回到了从前。出于这种描述的目的,说话人试图让听话人同样体验到这种直接可感知性(immediacy)。(6)是(5)的一种特殊变体,也是用现在时表示过去发生的事件。说话人无法保证他的陈述和描述事件发生的时间同时发生,但是他的陈述紧随事件之后,时间间隔比较短,并且可以预测事件的发展,因此事件的滞后性(time lag)可以忽略不计。如报刊杂志文章的标题就常常用现在时来描述过去发生的事件,让读者犹如身临其境,以增加读者的认同感。Langacker 最早对(7)这种用法的解释不够充分，他（1991: 269）指出，"我们不妨假设从句里面建立了一个心理空间，指称中心因此被转移到了这个空间，动词就用现在时，但这仅仅是一种推测而已"。这个问题，他后来（2001）大多借用 Fauconnier 的心理空间来加以解释。

Taylor（2002）也概括了现在时的三种非时间指称用法，包括：（1）客观真理的陈述（generic statements），如 The earth goes around the sun；（2）概要性文字（synoptic narratives），如新闻标题、小说大纲等；（3）表示未来的时间（of future time），如 My plane leaves at 3 tomorrow。Langacker 的"六分法"基本已经包括了这几种用法。

可以看出 Langacker 的分析主要针对句法构造层面，从语义出发提出认知解释，解决了许多传统语法无法解释的问题。但是其分析仍存在一定的局限性：比如他不能圆满地解释上述 if 从句中以现在时表示未来含义的句子。Langacker（2001）自己也承认，"在解释现在时的某些非现在时间用法方面，我并不比 Fauconnier 高明"。

三、Fauconnier 的心理空间视角

Fauconnier（1985，1994）提出的心理空间理论是认知语言学中一个十分重要的部分，它旨在解释语言即时或实时产生与理解的过程。心理空间是指人们进行交谈和思考时为达到局部理解与行动的目的而构建的概念集。心理空间建构的基本思想是，当我们思考和谈话时，在语法、语境和文化的影响下，多个心理空间被建构和连接起来。随着话语的展开，我们创造出一个心理空间网络。Fauconnier（1985，1994）认为，语言和认知建构一个很重要的特点是通达原则（access principle），即一个心理空间中用来描述基本元素的表达法可以被提取出来当作另一个心理空间基本元素的对应物。具体地说，如果两个基本元素 a 和 b 被 F 所连接，那么元素 b 就被用作命名、描述或者指称元素 a。

以句（7）为例：If he buries it, he will never find it again。根据 Fauconnier 的心理空间理论（图2），这句话的基本空间 B（basic space）描述了一个基本事件 he buries it and he never finds it，里面包含了两个基本元素：he 和 it（分别用 a 和 b 表示）。前半句的 If 相当于一个空间建造者（space builder）建立了一个与事实相反的假想空间 H（counterfactual mental space），这个空间包含了 a 和 b 的对应物 a′ 和 b′。根据通达原则，我们知道 a′ 和 b′ 就是指 he 和 it。这个条件从句相当于一个配对条件（matching condition），它使得基本空间 B 可以做进一步的推理至未来空间 M。因此这句话的后半分句表示将来时态的助动词 will 在这种假设的配对条件之下就建立了另外一个空间，我们称其为未来空间 M（future space），这个空间内的动作发生在将来，受到将来时间的限制，因此要用将来时。而前半句话，当人们把视角注意力转移到这个假想的空间时，空间 H 就被置于信息的中心（Focus）。因为这种重要性和

凸显度,动作发生的过程便被虚拟地视为发生在现在,因此动词要用现在时。

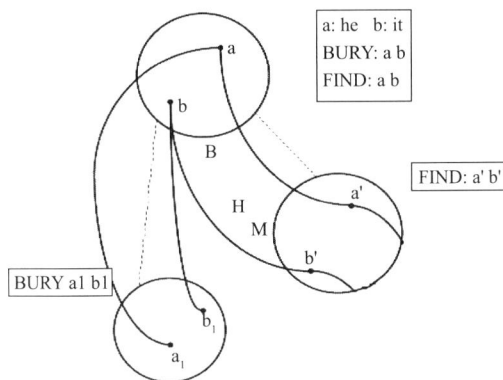

图 2 If he buries it, he will never find it again 心理空间图示

Fauconnier 心理空间理论能将 Langacker 认知语法中不能解决的问题加以解释,但是也并非完美无瑕。可以看出,一方面,心理空间理论在解释复杂的句型(如条件从句、虚拟语气等)时具有较强的解释力,但是在理解一些简单的句子时人们是否一定会使用到如此复杂的认知机制就值得怀疑了,因此它对上述除例(7)以外的简单句型解释起来反而不如 Langacker 认知语法那样有比较强的操作性。另一方面,如果按照心理空间理论,人们必定将心理空间的组合当作一种理解策略,但是这种假设有待实证研究。Harder(2003:93)也指出,"在用简单语义内容组合成复杂语义的过程中,空间建构并不是必须的"。照此说法,如果空间建构不是必须的,心理空间对语言现象的解释不过是为了解释而创造出来的一种理论,不符合认知语言学的"体验性"特征。

四、空间距离隐喻解释

Tyler 和 Evans(2001)从认知角度总结了英语时态中的四种非时间指称用法,其中与现在时有关的是其中三种:(1)亲密度,借由现在时表现说话者与他人之间的亲密程度,如例 8:

(8)A:Jane just bought a Volvo.

B:Maureen *has* one.

A:John, you've got to quit talking about Maureen as if you're still going together. You broke up three months ago.(Riddle, 1986)

从这段话里我们可以看出，John 和 Maureen 曾经关系亲密，但是三个月前已经结束了这种关系，因此说话人 A 把 B 使用动词现在时当作一种不合理的使用；（2）显著度，指的是时态可以表现信息在句中的凸显程度，即前景化（foregrounding）或背景化（backgrounding）。上文提到的 Taylor 所说的非时间指称用法中的（2）（3）就是这种用法的体现。Eigen 和 Winkler（1983：53）举的例子（例9）是：

（9）"a. In November 1859, Charles Darwin's *The Origin of Species*, one of the greatest and most controversial works in the literature of science, *was* published in London. b. The central idea in this book *is* the principle of natural selection. c. In the sixth edition...Darwin *wrote*："This principle of preservation of the survival of the fittest, I have called Natural Selection."

这段话的重点不是意在说明该书的出版日期，而是该书的中心议题是什么。因此在这里用时态表明信息的重要性，即过去时表示次要信息（a 和 c），现在时表示凸显信息（b）；（3）真实度，指的是通过时态体现说话人对所描述事件和真实世界状态的吻合情况，与时间无关的现在时中关于真理的描述就是这种用法，如 The earth goes around the sun。

认知语言学认为空间认知域是人类认知活动的重要基础，人类的认知是从空间域向时间域，以及各种各样的抽象认知域辐射的，这就是人类对整个物质和非物质世界的认知过程。"根据语言表达的不同，人们可以建立起各种各样的心理空间，比如时间、信念、可能性、愿望等。这些心理空间并非彼此独立，它们之间不断发生互动。"（王全智，2005）认知语言学认为，在建立各种概念时，最常用的是空间构造式，并且空间体系可以通过映射（mapping）来构筑时间概念。时间的本质是空间的隐喻，反映了人们从已知到未知、从具体到抽象的认知规律。因此，英语的时态在认知上被看作是一种空间和时间的距离，便是很自然的了。如 Palmer（1974：48）就曾指出，"过去时是一种距离的时态，包括时间与现实的距离。"Grady（1997）提出了"经验互连性"（experiential correlation）的概念。他认为，人类与环境互动结果的本质是造成经验关联性的不断强化。比如，物体垂直高度的增加常常意味着数量上的增加，由于这种经验的不断复现，我们就会认为高度和数量密切相关。这种关联性如果足够紧密，并且在概念层起作用，基本的空间关系就会进一步抽象化，还可以映射到其他认知域。比如，"物价最近上涨了"这句话就是这种关联性不断加强的结果。

我们几乎不可能不借助空间来谈论时间。Comrie（1985）说"时间是空间的语法化"。比如英语中表示时间"现在"的"now"和空间"这里"的"here"密切相关，因为当我们要理解"现在"的时候不可能不伴随着对当下空间环境的体验。时间和空间的紧密联系还体现在，减小空间距离意味着时间的流逝，例如，从一地到另一地必定需要耗费时间。在英语表达中这种关联性也时有体现：The holiday is approaching；A big day has arrived，等等。更明显的是，我们可以直接用空间限定词来修饰时间，如 the near future，the distant past，等。

上文提过的现在时的三种非时间指称用法也与基本的空间距离关系密切相关，是空间和时间关联性不断加强的结果。（1）亲密度。空间距离上的靠近常常意味着关系的亲密，如：抚摸、亲吻和拥抱等。人们通过体验，空间距离和亲密度两者的关联性不断加强，正如上文提到的时间概念的基础是空间，两者具有同一性，空间的靠近也意味着时间上的靠近，因此时间和亲密度也形成关联性，并最终在概念上得到固定，例1就是这种关联性加强的体现。当我们表示两者关系亲密时，常常用现在时（时间上的靠近）表示；（2）显著度。视觉器官的特点决定了距离越近的东西，我们就看得越清楚，越远则越不清楚。因此，事件如果离我们空间距离越近，时间上越靠近，就越容易得到凸显。如例2，需要凸显的信息我们就用现在时来表示，次要的信息则用过去时；（3）真实度。同样由于我们的感觉器官，如视觉、听觉和嗅觉等感知范围都有限，只能感知到一定空间范围内的事物。所以空间距离越近，时间上越靠近就越有可能是我们的真实经验。但要表达与现实相反的情况（如例3）时，我们就会选择时间上离我们较远的过去时。

空间是具体的，时间是抽象的。以空间距离隐喻来解释现在时的非现在时间指称用法，可以帮助人们更容易理解语法现象背后蕴含的理据性。但是一味地强调空间到时间的映射，就可能忽略了人们有时可以不借助空间概念来理解时间，有时甚至会出现时间到空间映射的现象。如例10：

（10）A：How far is the shop from here?

B：Ten minutes' walk from here.

甚至有学者（Piaget, 1961；Pemer, 1991；Flavell, 1988）提出，"人类的有些基本概念不一定与身体和空间相关"。（转引自王寅，2005：375）

五、对未来研究的展望

以上三种解释对英语现在时非时间指称用法进行了认知解读，也反映了认知语言学对人们从已知到未知，从具体到抽象认知规律的不断探寻。可以说，认知语言学开启了句法研究的新纪元，使我们认识到语法系统和人类认知机制存在互动关系。本文认为，对于该问题的进一步研究可以从以下几个方面着手：

（1）认知语言学重视意义分析的学术使命促使其应当用于人类交际的诸多领域，如语言习得等。传统英语课堂将各种语法点简单地解释为习惯用法，以致造成学生的记忆学习困难。Boers 和 Lindstromberg（2006）指出，对于语言教学最有潜在价值的认知语言学观点是它对语言结构的概念理据的探索，因为对有理据的语言切分成分的表征可以提高学习者对语言的理解和记忆，促进他们的跨文化意识，增进学习效率。在二语教学中，应当揭示语法系统背后的认知理据性，借助人类普遍的认知机制来解释意义与意义、形式与形式、意义与形式之间的关系，在此基础上安排语言语法教学，让学生知其然更知其所以然。

（2）认知语言学的基础是"体验性"，而体验性很大程度上为人类所共有。因此认知语言学中的许多原则和理论应该具有普遍的解释力。"他山之石，可以攻玉"，在汉语中，没有用时态语法系统来表示时间，而采用词汇手段如时间副词和小品词（如了，着和过）等。我们认为加大对跨文化和不同语言的考察，既有利于认知语言学拓展新的研究空间，增加其理论的普适性；也可以促进汉语界从认知角度对汉语时间表达法的进一步探索。

从上文可以看出，句法不是"自治的"（autonomy），句法不是一个独立的认知系统，它本身就是有意义的。人类的语言能力跟一般的认知能力密不可分，人们的概念结构来自于感觉动知系统（sensorimotor system）的体验。语法描写不仅是对固定规则的描写，而且是对人认知机制的描写，从认知上可以对语言中的许多语法现象作出严格科学的解释。上述三种解释都一致认为语法结构是来源于人类对现实世界的体验，但在论述的角度方面各有不同，在解释力方面也各有得失。所以，它们也并非能完满地解释所有问题，对此问题我们须做进一步的考察。

参考文献：

[1] Boers, F. & S. Lindstromberg, 2006. Cognitive linguistics applications in second or foreign language instruction: Rationale, proposals and evaluation [A]. In G. Kristiansen et al (eds.). Cognitive Linguistics: Current Applications and Future Perspectives [C]. Berlin & New York: Mouton de Gruyter: 305-355.

[2] Cormier, B., 1985. Tense [M]. Cambridge: Cambridge University Press.

[3] Eigen, M. & R. Winkler, 1983. Laws of the Game: How the Principles of Nature Govern Chance [M]. New York: Alfred A. Krapf, .

[4] Fleischman, S., 1989. Temporal distance: A basic linguistic metaphor [J]. Studies in Language, 13(1): 1-50.

[5] Fauconnier, G., 1985. Mental Spaces: Aspects of Meaning Construction in Natural Language [M]. Massachusetts: the MIT Press.

[6] Grady, J., 1997. Foundations of Meaning: Primary Metaphors and Primary Scenes [D]. UC Berkeley: Doctoral Thesis.

［7］Harder, P., 2003. Mental spaces: Exactly when do we need them? [J] Cognitive Linguistics, 14(1): 91-96.

［8］Langacker, R., 1991. Foundations of Cognitive Grammar (vol.2) [M]. Stanford: Stanford University Press.

［9］Langacker, R., 2001. The English Present Tense [J]. English Language and Linguistics, 5 (2): 251-272.

［10］Palmer, F. R., 1974. The English Verb [M]. London: Longman.

［11］Pinker, S. & A. Prince, 1988. On language and connectionism: Analysis of a parallel distributed processing model of language acquisition [J]. Cognition, 28: 73-193.

［12］Quirk, et al., 1985. A Comprehensive Grammar of the English Language [M]. Longman Group Limited.

［13］Sweetser, E., 1990. From Etymology to Pragmatics: Metaphorical and Cultural Aspects of Semantic Structure[M]. Cambridge: Cambridge University Press.

［14］Taylor, J. R., 2002. Cognitive Grammar[M]. Oxford: Oxford University Press.

［15］Taylor, J. R., 2007. 应用认知语言学十讲 [M]. 外语与教学研究出版社 .

［16］Tyler, A. & V. Evans, 2001. The relation between experience, conceptual structure and meaning: non-temporal uses of tense and language teaching[A]. In Dirven, René and Günter Radden (eds.), Applied Cognitive Linguistics I: Theory and Language Acquisition[C]. Berlin: Mouton de Gruyter: 63-105.

［17］束定芳, 2008. 认知语义学 [M]. 上海：上海外语教育出版社 .

［18］王全智, 2005. 可能世界、心理空间与语篇的意义建构 [J]. 外语教学, 26(4): 5-8.

［19］王寅, 2005. 认知语言学探索 [M]. 重庆：重庆出版社 .

后 记

文稿整理至此，勾起了无数交织着甜酸苦辣的回忆。谨在结尾处以目录为线索，将所收录作品的来龙去脉做简要交代。感恩一切的遇见——师长、朋辈，以及曾经的徒儿们。谢谢你们来到我的生活中，来到我的课堂，与我海阔天空、似有若无、欲罢不能的学术交流和思想火花的碰撞，终至付诸文字，也算是成就了各自人生中这样那样的梦想吧。

第一编　应用语言学

第一部分　词典学研究

《英语学习词典中例证的语言问题》，《辞书研究》1993 年第 4 期

《双语学习词典中的文化语境》，《辞书研究》1995 年第 3 期

《例证作为词汇语境在学习词典中的作用》，《辞书研究》1997 年第 3 期

《联想活用——学习词典的发展趋势——兼评〈朗文英语联想活用词典〉》，《辞书研究》2000 年第 3 期

《从框架语义理论发展轨迹看学习词典的认知取向》，《厦门大学外文学院论文集》，厦门大学出版社 2014 年版

《认知语义学与词典学关系探索》，广东外语外贸大学第一届词典学与二语习得国际研讨会参会论文，2008 年

第二部分　语言经济学

《语言经济学视角下的中国英语教育成本—收益分析》，《制度经济研究》2010 年第 1 期

《导论》，《中国英语教育：语言经济学的视角》，厦门大学出版社 2010 年版

《从"标准测度"到"沟通理解"：英语作为通用语的测度标准》，《中国社会科学报》，2012 年第 275 期

《语言与经济关系研究：脉络与走势——〈语言的经济学分析：一个基本框架〉述评》，《山东行政学院学报》2018 年第 2 期

第三部分　外语教学理论与实践

《大学英语教学向何处去》，《厦门大学学报（哲社版）》教学研究论文专辑2001 年

《高校双语教学的难点与对策》，《厦门大学学报（哲社版）》2003 年教学论文专辑

《高校双语教学课程建设设想——兼论高校大学英语和专业双语教学的衔接问题》，《厦门大学学报》（哲社版）2004 年教学研究论文专辑

《高校学生 ESP 交际能力培养机制探析》，原文以 "Cognitive mechanism of ESP in China" 为题发表于 International Conference on Electronics, Communications and Control ICECC 2011 年会议论文集

《研究生公共英语 2+2 课程模式构建与思考》，《厦门大学学报（哲社版）》2015 年教学研究论文专辑

第二编　认知语言学

第一部分　原型范畴理论

《原型范畴理论缺陷再议》，《厦门大学学报（哲社版）》2011 年第 6 期

《原型范畴理论的缺陷——基于现象学的考察》，《福建论坛（人文社会科学版）》2011 年第 5 期

第二部分　隐喻研究

《概念隐喻研究在神经科学中的新进展——以心理现实性问题为例》，《外语教学与研究》2011 年第 6 期

《认知隐喻视阈下的手语研究述评》，《中国特殊教育》2011 年第 12 期

《划拳中言语和手势隐喻认知研究——基于对川渝和福建客家地区的调查》，《东南学术》2012 年第 3 期

《英语演讲中言语－手势多模态隐喻的融合研究》,《外语研究》2013 年第
5 期

第三部分　认知语义学研究

《英语现在时非现在时间指称用法的认知研究述评》,《外语与外语教学》
2011 年第 4 期